新税法下
企业纳税筹划与合理节税

何正坤 编著

·北京·

内容简介

本书立足于新《企业所得税法》《个人所得税法》及新《增值税暂行条例》《消费税暂行条例》等实施以后的税收政策，论述了企业所得税、个人所得税、增值税、消费税等主要税种的纳税筹划原理、方法和实操步骤。

全书分为10章，第1、2章分别阐述了企业纳税筹划的概念、特征、内容、意义、原则和方法；第3～8章，分别介绍了增值税、消费税、企业所得税、个人所得税、财产税以及其他税种等纳税筹划的具体方案、操作步骤和案例解读；第9章从行业维度分析如何做好纳税筹划，介绍了包括房地产企业、建筑安装企业、设计院企业、物流企业和民办非营利组织的纳税筹划策略和方法；第10章从项目维度分析如何做好纳税筹划，介绍了包括并购重组、融资项目、技术研发和会务费用的纳税筹划策略与方法，以便读者从多个角度、层面理解纳税筹划问题。

图书在版编目（CIP）数据

新税法下企业纳税筹划与合理节税：方法+图表+案例/何正坤编著. —北京：化学工业出版社，2021.4
ISBN 978-7-122-38571-0

Ⅰ.①新… Ⅱ.①何… Ⅲ.①企业管理-税收筹划-中国 ②企业-节税-研究-中国 Ⅳ.①F812.423

中国版本图书馆CIP数据核字（2021）第032955号

责任编辑：卢萌萌　李艳艳　　　　　　　加工编辑：李　曦　林　丹
责任校对：边　涛　　　　　　　　　　　　装帧设计：王晓宇

出版发行：化学工业出版社（北京市东城区青年湖南街13号　邮政编码100011）
印　　刷：三河市航远印刷有限公司
装　　订：三河市宇新装订厂
710mm×1000mm　1/16　印张13　字数244千字　2022年6月北京第1版第1次印刷

购书咨询：010-64518888　　　　　　　　　售后服务：010-64518899
网　　址：http://www.cip.com.cn
凡购买本书，如有缺损质量问题，本社销售中心负责调换。

定　价：59.80元　　　　　　　　　　　　　　　　　　　　版权所有　违者必究

序

纳税筹划方案　实用才是关键

就像大家常说的"你不理财,财不理你",如何做好纳税筹划与合理节税,既是响应国家"减费降税"政策号召,又是节约成本,做好企业经营管理的关键,对于企业而言,纳税筹划就是理财。

如果您是企业经营者,这本书将让您对企业合理节税工作有一个宏观的认识;如果您是企业的财税从业人员,相信您一定会同我们一样,对眼前的这本书如获至宝、爱不释手。

《新税法下企业纳税筹划与合理节税:方法+图表+案例》一书,集学院派的严谨治学与实战派的求实之风于一体,作者将自己30年来在纳税筹划、财报分析、财会咨询、纳税管理等方面的所思、所创、所用、所成,倾情汇聚于笔端,将理论与实际相结合的纳税筹划方案,鲜活真实地呈现给各位读者。

纳税筹划是纳税人的一项基本权利,纳税筹划只能在税收法律许可的范围内进行,同时须在纳税行为发生之前,对经济事项进行规划、设计、安排,达到减轻纳税负担、获得纳税收益的目的。但是在实际操作中,如对税收政策理解不准确或操作不当,而在不知情的情况下采用了导致企业税负不减反增的方案,或者触犯法律而受到税务机关的处罚,都可能使得纳税筹划的结果背离预期。纳税筹划不仅需要由财务、会计专业人员进行,而且面临社会化大生产、全球经济一体化、国际贸易业务日益频繁、经济规模越来越大、各国税制越来越复杂等情况。

因此,纳税筹划同时具有合法性、筹划性、目的性、风险性和专业性的特点,纳税人提前规划、合理配置进行纳税筹划显得尤其重要。在本书中，作者尤其注重内容的实用性，从纳税筹划的基础理论、原则方法入手，把我国现行税收体系中几大主要税种，诸如增值税、消费税、企业所得税、个人所得税以及房产税、土地增值税、关税等税种的纳税筹划原理解析、技巧应用、方案设计，做了科学的归纳，使各种方案模板化、实用化，真正做到了可参照、可复制、能落地、能节税。

作者还针对房地产企业、建筑安装企业、设计院企业、物流企业、民办非营利组织等纳税筹划的重点及难点行业，将自己职业生涯中实际操作过的成功案例系统化、科学化，形成纳税筹划的实用方案并收录在册；而且，把各类企业的重要工作事项，诸如并购重组、融资安排、技术研发等项目的纳税筹划，也做了合理的架构设计和系统解读。

本书还给出了很多非常实用的纳税筹划"锦囊妙计"，使"纳税筹划方案实用才是关键"这一理念，得到了最真实、最完美的诠释。

在这本书里，我们看到了作者深厚的理论功底、重点行业的聚焦、各税种合理筹划的应用以及鲜活真实的案例，更看到了作者研究和工作中严谨的态度，对知识的崇敬，以及对读者的负责，这些都让我们深受感动。

新时代扑面而来，不论是公司还是个人，也不论是公司高管还是财税人员，我们都应该学会如何灵活缴税，学会规避税务风险，愿人人都能有机会拥有一本《新税法下企业纳税筹划与合理节税：方法+图表+案例》，如师如友，长伴左右，常常学习，时时进步，事业更上一层楼。

以此，向作者，向各位读者，表达真诚的敬意。

桂茂林

中国注册会计师，高级会计师，清华大学MBA校友导师

侯淑新

中国民生银行河北省分行计划财务部总经理

前言

多年来,我一直想写一本纳税筹划的书。之所以有这样的想法,是觉得纳税筹划对企业太重要,太有必要。有一次,与几个朋友闲聊,其中一位朋友突然向我咨询个税的事,一下把话题转向了纳税。结果,一顿晚餐变成了我的纳税专场,我足足说了三个小时,朋友们听得津津有味,且意犹未尽,约好下次聚餐,再继续这个话题。

在这场谈话中,我知道他们关心的不是纳税筹划,而是如何少交税或不交税。这样的想法是每一个纳税人最本能的想法,不足为奇。少交税或不交税虽然不等同于纳税筹划,但两者也有千丝万缕的关系。如何平衡两者,普及纳税筹划知识,让更多人受益,是我写这本书的本意。我认为,有必要将自己的教学理论与工作实际结合起来,将纳税筹划知识以文字的形式呈现出来,以飨更多关注纳税的人。

毋庸置疑,每个税种都有可筹划的空间。这并非政策漏洞,而是政策有意为之,以增强地区招商能力,调节地区经济发展平衡。做好纳税筹划的前提是要全面了解税收政策,并能将税收政策与企业实际有机结合,这样才能实现纳税筹划的真正目的。掌握了政策之后,还要学会筹划,通过分析、研判、变通、策划、测试等方法,找到行之有效的筹划途径。

纳税筹划是一件事前、事中和事后都可以进行的事。但这并不是说,纳税筹划可以随时随地地进行。而是说,有的纳税必须在事前筹划,过了这村就没那店了;有的纳税可以在事中和事后筹划,亡羊补牢,犹未为晚。不少老板总是事后才问我如何节税,我说木已成舟,回天乏术。所以,企业高管和自然人若有意纳税筹划,应恰当地掌握时机,宜早不宜迟,及早地用好税收政策,有效控制税负,减轻企业和个人的经营负担。

这几年，税收条例蜂拥而至，出台得多，改得也快，2016年5月1日"营改增"之后，税负虽然有所减轻，但税收政策变得多且复杂。2019年又实施了个税改革，再度引起了自然人对税收的关注。本书最大亮点是紧跟政策步伐，为确保本书的时效性和实用性，我不得不边写边留意边学习，每天都要留点时间翻看公众号和专业网站，关注税收政策的动向。遇到有变化了，立即调整相关章节内容，重新编写，生怕引用过时的税收政策误导了读者。

然而，从编写到出书需要一个漫长的过程，在这个过程中不能避免某项税收政策发生了变化。书中若有不妥之处，还请读者朋友们谅解，并能有选择地阅读。

在本书付梓之际，特别感谢中国注册会计师、高级会计师、清华大学MBA校友导师桂茂林教授，中国民生银行河北省分行计划财务部总经理侯淑新女士，两位都是国内知名的财税金融专家，在全国各地巡讲财税及金融实务。他们在繁忙中抽出时间来为本书作序，并联袂推介本书，我深感荣幸。

何正坤
2021年7月于连云港

目录

第1章 纳税筹划——企业减负不可或缺的技巧 / 001

1.1 纳税筹划从何而来 / 002
- 1.1.1 西方国家的纳税筹划起源 / 002
- 1.1.2 我国的纳税筹划起源 / 002

1.2 纳税筹划概述 / 003
- 1.2.1 纳税筹划的内涵与特征 / 003
- 1.2.2 纳税筹划与其他减税行为的区别 / 005
- 1.2.3 纳税筹划的实质和作用 / 007

1.3 纳税筹划绝不是单一的行为 / 008
- 1.3.1 纳税筹划节税与风险并存 / 008
- 1.3.2 纳税筹划收益与成本共担 / 010

1.4 莫以为纳税筹划就是偷税漏税 / 010
- 1.4.1 纳税筹划的合理动机 / 010
- 1.4.2 纳税筹划的意义 / 012

第2章 筹划有道——必须遵循的原则和方法 / 014

2.1 纳税筹划的原则 / 015
- 2.1.1 符合税法原则 / 015
- 2.1.2 全盘考虑原则 / 015
- 2.1.3 成本效益原则 / 016
- 2.1.4 适时调整原则 / 016
- 2.1.5 自我保护原则 / 016

2.2 纳税筹划是有法可循的 / 017
- 2.2.1 纳税主体的筹划 / 017

####### 2.2.2 计税依据的筹划 / 017
####### 2.2.3 征收税率的筹划 / 018
####### 2.2.4 优惠政策的筹划 / 019
####### 2.2.5 其他筹划方法 / 020
2.3 纳税筹划的步骤和操作方法 / 021
####### 2.3.1 纳税筹划的步骤 / 021
####### 2.3.2 纳税筹划的操作方法 / 022
2.4 纳税筹划的9大基本方法 / 023

第3章 增值税——纳税筹划有理有"节" / 027
3.1 妙用增值税纳税人身份 / 028
####### 3.1.1 选择一般纳税人或小规模纳税人 / 028
####### 3.1.2 一般纳税人和小规模纳税人的税负临界点 / 030
3.2 增值税税率的纳税筹划 / 032
####### 3.2.1 混合销售的纳税筹划 / 032
####### 3.2.2 兼营销售的纳税筹划 / 034
3.3 增值税计税依据的纳税筹划 / 035
####### 3.3.1 不同的结算时间影响纳税 / 035
####### 3.3.2 不同的促销方式改变纳税 / 037
####### 3.3.3 运输形式变化产生不同税负 / 041
3.4 增值税纳税优惠政策的纳税筹划 / 042
####### 3.4.1 巧妙利用增值税起征点 / 042
####### 3.4.2 灵活运用增值税减免政策 / 043
3.5 经营活动中的增值税纳税筹划 / 045
####### 3.5.1 供应商纳税人身份的选择 / 045
####### 3.5.2 包装物的纳税筹划 / 046

第4章 消费税——纳税筹划以小见大 / 048
4.1 消费税纳税人身份的纳税筹划 / 049
####### 4.1.1 消费税纳税人的法律界定 / 049
####### 4.1.2 投资应纳消费税项目的纳税筹划 / 049

　　　　4.1.3　通过企业合并或兼并方式递延纳税 / 050

　　4.2　在消费税计税依据上筹划纳税 / 052

　　　　4.2.1　设立销售公司可以减轻税负 / 052

　　　　4.2.2　筹划兼营销售可以节约纳税 / 053

　　4.3　在消费税税率上筹划纳税 / 056

　　　　4.3.1　差别税率的纳税筹划空间 / 056

　　　　4.3.2　适用税率的纳税筹划空间 / 058

　　4.4　对出口应税消费品筹划纳税 / 059

　　　　4.4.1　出口货物退关或退货的纳税筹划 / 059

　　　　4.4.2　出口应税消费品外汇结算折合率 / 060

　　4.5　根据其他不同情况筹划纳税 / 061

　　　　4.5.1　筹划自行加工与委托加工的纳税 / 061

　　　　4.5.2　筹划已纳税额扣除的纳税 / 064

第5章　企业所得税——纳税筹划大有作为 / 066

　　5.1　成本费用筹划乃纳税筹划的重中之重 / 067

　　　　5.1.1　固定资产折旧方法选择的纳税筹划 / 067

　　　　5.1.2　企业捐赠的纳税筹划 / 068

　　　　5.1.3　存货计价的纳税筹划 / 070

　　　　5.1.4　将利息支出变为其他支出的纳税筹划 / 073

　　　　5.1.5　根据收入限额扣除类费用的纳税筹划 / 074

　　　　5.1.6　资产损失税前扣除的纳税筹划 / 076

　　　　5.1.7　利用坏账损失的备抵法进行纳税筹划 / 077

　　5.2　利用产业优惠政策进行纳税筹划 / 078

　　　　5.2.1　根据优惠年度调节应纳税所得额 / 078

　　　　5.2.2　根据优惠税率综合调节财务指标 / 079

　　　　5.2.3　环保产业和项目的纳税优惠 / 081

　　　　5.2.4　运用安置特殊人员就业进行纳税筹划 / 082

　　　　5.2.5　免税收入纳税筹划的利好 / 082

　　　　5.2.6　运用技术创新和科技进步的税收优惠政策进行纳税筹划 / 082

5.3 有策略地降低企业所得税 / 084
    5.3.1 利用股权投资的纳税筹划 / 084
    5.3.2 弥补以前年度亏损的纳税筹划 / 084

5.4 公司设立环节的纳税筹划 / 085
    5.4.1 分、子公司的纳税筹划 / 085
    5.4.2 总分公司的纳税筹划 / 088
    5.4.3 企业分立筹划 / 092
    5.4.4 设立地点筹划 / 093

5.5 对外捐赠的纳税筹划 / 095
    5.5.1 对外捐赠的税法规定及纳税筹划 / 095
    5.5.2 特殊时期对外捐赠税法规定及纳税筹划 / 096

第6章 个人所得税——纳税筹划立竿见影 / 098

6.1 常见的节税方法 / 099
    6.1.1 将个人收入转为企业费用 / 099
    6.1.2 将日常费用转为差旅费等进行报销 / 099
    6.1.3 酌情改变薪酬分发惯例 / 100
    6.1.4 调节年终奖与工资进行纳税筹划 / 100
    6.1.5 改变契约的个人所得税筹划 / 101
    6.1.6 借助公益捐赠的个人所得税筹划 / 101
    6.1.7 合规发票有助于节税 / 102
    6.1.8 转换居民纳税义务人与非居民纳税义务人的身份进行筹划 / 102

6.2 专项附加扣除的纳税筹划 / 104
    6.2.1 准确把握扣减项目 / 104
    6.2.2 子女教育专项附加扣除的纳税筹划 / 104
    6.2.3 继续教育专项附加扣除的纳税筹划 / 105
    6.2.4 大病医疗专项附加扣除的纳税筹划 / 105
    6.2.5 住房借款利息专项附加扣除的纳税筹划 / 106
    6.2.6 住房租金专项附加扣除的纳税筹划 / 106

        6.2.7　赡养老人专项附加扣除的纳税筹划　/　106

　　6.3　住房公积金的纳税筹划　/　107

　　6.4　补充养老保险的纳税筹划　/　107

　　6.5　年终奖的纳税筹划　/　108

        6.5.1　年终奖的定义　/　108

        6.5.2　年终奖的个人所得税计算办法　/　108

        6.5.3　年终奖的个人所得税分水岭　/　110

　　6.6　劳务报酬个人所得税纳税筹划　/　111

        6.6.1　降低劳务报酬额进行筹划　/　111

        6.6.2　分解劳务报酬额进行筹划　/　112

        6.6.3　综合分析各类收入进行筹划　/　113

　　6.7　债券投资的纳税筹划　/　114

　　6.8　通过转变企业设立形式进行筹划　/　115

        6.8.1　将私营企业转变为个体工商户　/　115

        6.8.2　将合伙制企业转变为个体工商户　/　117

第7章　财产税——纳税筹划不可小觑　/　118

　　7.1　房产税纳税筹划　/　119

        7.1.1　房产税征税范围的纳税筹划　/　119

        7.1.2　房产税计税依据的纳税筹划　/　120

        7.1.3　房产税计征方式的纳税筹划　/　125

        7.1.4　根据房产税优惠政策采取的纳税筹划　/　127

　　7.2　土地增值税纳税筹划　/　128

        7.2.1　土地增值税适用税率和计税依据的纳税筹划　/　128

        7.2.2　根据土地增值税优惠政策采取的纳税筹划　/　131

        7.2.3　改变经营方式的纳税筹划　/　132

　　7.3　城镇土地使用税纳税筹划　/　133

        7.3.1　从纳税义务发生时间上考虑节税　/　135

        7.3.2　从纳税地点上考虑节税　/　136

第8章 其他税种——纳税筹划有利可图 / 137

8.1 关税纳税筹划 / 138

- 8.1.1 关税优惠政策的纳税筹划 / 138
- 8.1.2 关税税率的纳税筹划 / 140
- 8.1.3 关税计税依据的纳税筹划 / 142
- 8.1.4 出口货物应对特别关税政策的纳税筹划 / 144

8.2 印花税纳税筹划 / 145

- 8.2.1 印花税征收范围的纳税筹划 / 145
- 8.2.2 印花税适用税率的纳税筹划 / 147
- 8.2.3 印花税计税依据的纳税筹划 / 149

第9章 行业筹划——不同行业的节税技巧 / 152

9.1 房地产企业的纳税筹划 / 153

- 9.1.1 利息支出扣除筹划土地增值税 / 153
- 9.1.2 提高精装修房的比例 / 153
- 9.1.3 合理规划消费者的比例 / 154
- 9.1.4 代收费用的纳税筹划 / 154
- 9.1.5 土地增值税税率筹划 / 155
- 9.1.6 采取甲供材方式 / 156
- 9.1.7 选择抵扣税率高的企业 / 157
- 9.1.8 选择劳务外包 / 157

9.2 建筑安装企业的纳税筹划 / 157

- 9.2.1 对甲供材的纳税筹划 / 157
- 9.2.2 对劳务用工的筹划 / 158
- 9.2.3 适当进行业务拆分 / 158
- 9.2.4 调减人工成本的筹划 / 159
- 9.2.5 在异地预缴企业所得税的筹划 / 159
- 9.2.6 租赁性筹资的纳税筹划 / 160
- 9.2.7 利用税收优惠政策 / 160
- 9.2.8 利用工程合同的方式进行纳税筹划 / 161
- 9.2.9 减少建筑施工营业额的筹划 / 161
- 9.2.10 选择适合企业发展的计税方式 / 161

9.3 设计院企业的纳税筹划 / 162
    9.3.1 纳税人身份选择的纳税筹划 / 162
    9.3.2 控制开票时间延迟纳税 / 162
    9.3.3 进项税额抵扣的纳税筹划 / 163

9.4 物流企业的纳税筹划 / 163
    9.4.1 选择小规模纳税人的纳税筹划 / 163
    9.4.2 利用货物进出时间差的纳税筹划 / 164
    9.4.3 劳动力成本的纳税筹划 / 164
    9.4.4 设备租赁变异地作业的纳税筹划 / 165
    9.4.5 通过将杂费并入运输费进行增值税筹划 / 165

9.5 民办非营利组织的纳税筹划 / 165
    9.5.1 免税资格认定的纳税筹划 / 165
    9.5.2 预收服务收入的纳税筹划 / 167
    9.5.3 捐赠收入的纳税筹划 / 167

第10章 项目筹划——不同项目的节税技巧 / 169

10.1 并购重组的纳税筹划 / 170
    10.1.1 争取特殊性税务处理可以递延纳税 / 170
    10.1.2 资产负债打包转让享受免税 / 170
    10.1.3 非货币性资产投资的纳税筹划 / 171
    10.1.4 并购前目标企业选择的纳税筹划 / 171

10.2 融资项目的纳税筹划 / 172
    10.2.1 融资决策中的纳税筹划 / 172
    10.2.2 债务性融资的纳税筹划分析 / 173
    10.2.3 借款费用利息的纳税筹划 / 173
    10.2.4 长期借款融资的纳税筹划 / 174
    10.2.5 融资租赁中的纳税筹划 / 174
    10.2.6 权益融资的税务分析 / 175

10.3 技术研发的纳税筹划 / 175
    10.3.1 研发费用管理的纳税筹划 / 175
    10.3.2 研发费用归集口径的纳税筹划 / 176

10.3.3 选择税收优惠政策的筹划 / 177
10.3.4 将研发业务独立的纳税筹划 / 177
10.3.5 研发业务剥离申报高新企业的纳税筹划 / 177

10.4 会务费用的纳税筹划 / 178
10.4.1 会议费收取形式的纳税筹划 / 178
10.4.2 会议费内容的纳税筹划 / 179
10.4.3 餐饮费的纳税筹划 / 179
10.4.4 选择第三方进行纳税筹划 / 180

10.5 纳税筹划案例 / 180
10.5.1 员工困难补贴案例 / 180
10.5.2 研发企业优惠案例 / 181
10.5.3 使用过的固定资产转让案例 / 182
10.5.4 房产处置案例 / 184
10.5.5 财政性资金纳税案例 / 185
10.5.6 固定资产折旧节税案例 / 186
10.5.7 交通补贴节税案例 / 187
10.5.8 公司承担个人所得税节税案例 / 188
10.5.9 房租收入节税案例 / 188
10.5.10 合同节税案例 / 189

参考文献 / 194

第1章

纳税筹划
——企业减负不可或缺的技巧

> 纳税筹划（tax planning）是指通过对涉税业务进行策划，制作一整套完整的纳税操作方案，从而达到节税的目的。纳税筹划涉及的内容非常广泛，从企业成立开始，到经营中的各个环节，直至企业的解散。每个环节都可以进行纳税筹划，每个环节都可能节约纳税。由于纳税筹划能给涉税者带来良好的经济效益，因此这项工作一直受到经营管理者的重视。

1.1 纳税筹划从何而来

1.1.1 西方国家的纳税筹划起源

1959年,在法国巴黎,由五个欧洲国家的从事税务咨询的专业团体发起成立了欧洲税务联合会,其会员皆为税务顾问和从事税务咨询的专业团体。如今已发展到15万个会员,分别来自奥地利、比利时、瑞士、德国、英国、丹麦、西班牙、法国、意大利、卢森堡、荷兰等22个欧洲国家。有税务顾问以个人名义入会,也有以团体名义加入,所以欧洲税务联合会的税务顾问实际上要更多。

欧洲税务联合会明确指出,税务专家以税务咨询为中心开展税务服务,同时从事纳税申报表、财务会计文件的填报和编制,从而真正形成了一种独立于税务代理业务之外的新型业务。这项业务有一项重要的内容,就是纳税筹划。换句话说,自20世纪50年代末起,纳税筹划及其研究就真正开始了。

当然,在此之前,纳税筹划已有了雏形。1935年,英国上议院议员汤姆林就提出了纳税筹划,他指出:"任何一个人都有权安排自己的事业,依据法律这样做可以少缴税。为了保证从这些安排中谋到利益……不能强迫他多缴税。"汤姆林的观念赢得了法律界的认同,英国、澳大利亚、美国在以后的纳税判例中经常援引这一原则精神。

近30年来,纳税筹划在许多国家都得以迅速发展,日益成为纳税人理财或经营管理决策中必不可少的一个重要组成部分。

美国南加州大学的梅格博士在其《会计学》一书中将纳税筹划定义为:在纳税发生之前,系统地对企业经营和投资行为做出事先安排,以达到尽量少缴税,这个过程就是纳税筹划。

荷兰国际财政文献局(IBFD)所编写的《国际税收辞典》一书认为:纳税筹划是指企业通过对经营活动和个人事务活动的安排,达到缴纳最低的税收。

1.1.2 我国的纳税筹划起源

在我国,纳税筹划从理论到实务,尚未发展完善。企业自然倾向于纳税筹划,但对筹划规则往往掌握不当,有些筹划规则在理论上是可行的,但实际运作并不能达到预期效果。更有些企业投资者或经营者,往往把纳税筹划与偷税漏税混为一谈，形成了"野蛮抗税、存心偷税、糊涂漏税"的纳税混乱格局。

事实上，企业在纳税方面往往存在两种现象：一是逃税现象，二是多缴税现象。两者看似矛盾，实质上是客观存在的。因为企业不懂得纳税筹划，没有好好解读税收政策，于是，愚者逃税，蠢者偷税。

随着我国市场经济的不断发展，纳税人的纳税意识和法律意识在逐步提高，偷税漏税行为会受制于法，纳税筹划将渐渐成为纳税人节税减负以及企业经营中不可或缺的管理项目。

2017年5月5日，国家税务总局发布《国家税务总局关于发布〈涉税专业服务监管办法（试行）〉的公告》(国家税务总局公告2017年第13号)。

《涉税专业服务监管办法（试行）》第四条规定："涉税专业服务机构是指税务师事务所和从事涉税专业服务的会计师事务所、律师事务所、代理记账机构、税务代理公司、财税类咨询公司等机构。"第五条规定："涉税专业服务机构可以从事下列涉税业务：（一）纳税申报代理。对纳税人、扣缴义务人提供的资料进行归集和专业判断，代理纳税人、扣缴义务人进行纳税申报准备和签署纳税申报表、扣缴税款报告表以及相关文件。（二）一般税务咨询。对纳税人、扣缴义务人的日常办税事项提供税务咨询服务。（三）专业税务顾问。对纳税人、扣缴义务人的涉税事项提供长期的专业税务顾问服务。（四）税收策划。对纳税人、扣缴义务人的经营和投资活动提供符合税收法律法规及相关规定的纳税计划、纳税方案……"

国家税务总局的这份公告，为纳税筹划提供了切实可行的法律依据。

1.2 纳税筹划概述

1.2.1 纳税筹划的内涵与特征

关于纳税筹划的定义，国家税务总局注册税务师管理中心在其编写的《税务代理实务》中明确指出：税收筹划又称为纳税筹划，是指在遵循税收法律、法规的情况下，企业为实现企业价值最大化或股东权益最大化，在法律许可的范围内，自行或委托代理人，通过对经营、投资、理财等事项的安排和策划，以充分利用税法所提供的包括减免税在内的一切优惠，对多种纳税方案进行优化选择的一种财务管理活动。

纳税筹划本质上是企业为实现收益最大化而对涉及税收的经济事项进行安排，是企业独立自主权利的体现，也是企业对社会赋予其权利的具体运用。

正确理解纳税筹划的概念，必须抓住6个特点，如图1-1所示。

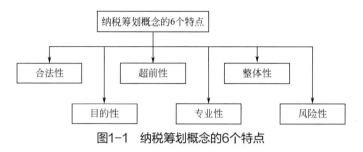

图1-1　纳税筹划概念的6个特点

（1）合法性

合法性是纳税筹划与偷税避税的根本区别。纳税筹划和偷税避税的结果，都是少缴税款、减轻税负。但偷税的行为是弄虚作假，避税的行为违反了立法意图，必将受到严惩。纳税筹划以税收政策为导向，不仅符合税法规定，而且符合税法立法意图。

国家在制定税法及有关制度时，对纳税筹划行为早有预期，并希望通过纳税筹划行为引导全社会的资源有效配置与税收的合理分配，以实现国家宏观政策。

（2）超前性

筹划，顾名思义，就是事前谋划。纳税筹划就是要将税收作为影响纳税人最终收益的重要因素，对投资、理财、经营活动做出事先的规划、设计、安排。

追求较低税负和最大税后收益是纳税人进行纳税筹划的内在动力，对不同的纳税人和不同的行为规定有差别的税收待遇，这是国家有意为纳税人进行纳税筹划提供的外在操作空间。这两点是纳税筹划得以进行的前提条件。

只有存在可筹划空间，纳税人才可以选择较低的税负，取得最大的财务利益；只有纳税人有进行纳税筹划的内在动力，国家才可用有差别的税收待遇，从利益上引导纳税人对自己的投资、理财、经营活动朝着国家鼓励的方向做出规划、设计、安排，从而实现国家调控政策。

（3）整体性

整体性是指对纳税人而言，纳税筹划的最根本目的是税后财务利益最大化。纳税人的税务计划是财务预算和经营计划的一部分，纳税筹划的目标必须服从纳税人财务预算和经营计划等整体目标。

纳税筹划不仅要考虑纳税人的当前利益，还要考虑未来的财务利益；不仅要考虑纳税人的短期利益，还要考虑长期利益；不仅要考虑纳税人所得增加，还要考虑纳税人的资本增值；不仅要考虑纳税人的税后财务利益最大化，还要尽量使纳税人因此承担的各种风险，如税制变化风险、市场风险、利率风险、信贷风险、汇率风险、通货膨胀风险等，降到最低。

（4）目的性

纳税人纳税筹划行为的目的是降低税负，取得节税收益。企业要降低税收支出，一是选择低税负，二是延迟纳税时间。两种方法都能节约税收成本，继而降低经营成本，使企业在激烈的市场竞争中凭借成本优势得以生存与发展。

纳税筹划是实现税后利益最大化与贯彻国家调控政策的统一，必须是纳税人对其投资、理财、经营活动的决策行为，是在这些活动之前进行的，而不是在既定的投资、理财、经营活动后，对其既定结果以及纳税义务进行事后改变。事后改变只是少纳税款，并不能实现国家宏观调控。要进行这种事后的改变只有采用弄虚作假的方法，势必异化为偷税行为。

（5）专业性

要开展纳税筹划，并非任性而为的事，更不是某个企业或某个会计凭自己的臆想便可以随意实施的计划。纳税筹划是一门综合了会计、税法、财务管理、企业管理、合同法等多方面知识于一体的综合性学科，进行纳税筹划的人员必须具备较强的专业知识。一般地，国外的纳税筹划大多由会计师、律师以及税务师来实施。国内的会计师事务所等第三方也正处于建立和完善中，这些机构将逐步担负起企业纳税筹划的业务。

（6）风险性

风险性是指纳税筹划因不同原因而导致付出不同代价。纳税筹划过程中的风险是客观存在的，一是对有关税收政策把握不准，造成事实上的偷税，从而面临税务处罚的风险；二是对有关税收优惠政策的运用和执行不到位，面临税务处罚的风险；三是对企业情况没有全面比较和分析，导致筹划成本大于节约税收；四是筹划方向与企业总体目标不符，成果是表面的，实质上得不偿失。

1.2.2 纳税筹划与其他减税行为的区别

纳税筹划的目的之一是要减轻税收负担。除此之外，有些不法业主也会采取其他减税行为，包括偷税、漏税、抗税、骗税、欠税、避税等。这些行为虽然减轻了税收负担，但与纳税筹划却有质的区别，是一种违法的行为。

下面就详细解释一下常见的6种不当减税行为，如图1-2所示。

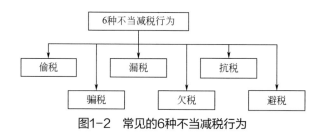

图1-2 常见的6种不当减税行为

(1) 偷税

偷税是指纳税人采取伪造、变造、隐匿、擅自销毁账簿和记账凭证,在账簿上多列支出或不列、少列收入,从而达到少交或不交税款的目的。偷税的动机是缺乏纳税意识,其手段是不列或者少列收入,加大虚列费用成本,故意少交税款。

偷税行为受打击的力度非常大。在我国,凡企业偷税金额达1万元以上,且占当期应纳税额的10%以上,就构成了偷税罪。所以,企业经营者必须弄明白偷税和纳税筹划的区别。

(2) 漏税

漏税特指纳税人在无意识的情况下,少交或者不交税款的一种行为。漏税往往是纳税人对政策理解模糊不清,或由于计算错误等原因而导致的少交税款。不过税务稽查部门对漏税案件的处理,往往会认定为偷税,因为刑法没有对漏税做出具体的补充规定。

(3) 抗税

抗税是以暴力或者威胁方法,拒绝缴纳税款的行为。抗税是缺乏基本法治观念的一种极端错误的表现。在当今社会,有些文化水平不高、缺乏法治意识的老板,往往无视税法及税务部门的规定,抱有侥幸心理,或期冀通过疏通关系来达到抗税的目的,这是非常不可取的。

(4) 骗税

骗税是采取弄虚作假和欺骗隐瞒等手段,将并未发生的应税行为,虚构成发生了的应税行为,或将小额的应税行为伪造成大额的应税行为,从而获取国家出口退税款的行为。

骗税行为也是我国打击的重点,且力度非常大。骗税不是个体可以做到的,它是群体犯罪行为。

(5) 欠税

欠税是指纳税人超过税务机关核定的纳税期限而发生的拖欠税款的行为。欠税最终是要补交的。欠税分为主观欠税和客观欠税：①主观欠税是指企业有钱却不交税，这种情况主要发生在一些大的国有企业中，它们以为都是国家的钱，不过是从这口袋移到了那口袋；②客观欠税是指企业想交税，但是没钱交。

我国把主观欠税列入违法犯罪行为。客观欠税的企业应主动向主管税务机关申请缓交，但缓交期限最长不得超过3个月。

（6）避税

避税是指企业利用税法的漏洞或空白，采取一定手段少交税款的行为。

避税与纳税筹划是有界限的。避税是利用税法的漏洞、空白或者模糊之处采用相应的措施，少交税款的行为。例如，国际间通常的避税手段就是转让定价，通过定价把利润转移到低税地区或免税地区，这就是典型的避税行为。而纳税筹划则是采用税法准许范围内的某种方法或者计划，在税法已经做出明文规定的前提下操作的；避税却恰好相反，它是专门在税法没有明文规定的地方进行操作。因此，避税和纳税筹划也是有明显区别的。

1.2.3 纳税筹划的实质和作用

纳税筹划是企业所采取的合理合法的行为，是受国家法律支持的，更是企业作为理财手段和财务管理的一项重要内容。纳税筹划的实质就是在国家法律法规允许的范围内，实现节税的目的。

大量的实践可以证明，以国家的税收政策为导向，以完善的税收法规制度为依据，纳税筹划将对企业、对社会、对国家都有着正面的积极的作用。

① 对企业而言，纳税筹划有助于企业获得税收利益，提高企业盈利水平，增强企业的竞争能力。具体体现在：第一，降低了纳税成本，节省了费用开支，提高了资本收益率，使企业获得的利润直接增加，进而增加企业可支配的收入；第二，把即期应纳税款延期缴纳，增加了企业资金来源，使企业资金调度更为灵活；第三，为企业投资、生产、经营提供决策，选择税后盈利最大化的方案，获得最大化的税后留利；第四，自觉学习和掌握税法知识，纠正与防范企业的税收行为，不至于产生避税、偷税、漏税等行为。

② 对国家而言，实施纳税筹划对于优化产业结构和投资方向有一定作用。税收政策就是国家依据本国宏观经济发展战略，以及产业结构调整的需要而制定的。在市场经济条件下，追求经济利益是企业从事一切经济活动的原动力。企业按照国家法律和立法意图从事生产经营活动，以获得税收利益的过程就是纳税筹划。

而且，着眼于未来，纳税筹划或许能增加国家的税收总量。因为国家在制定税法时，会有意使税负在不同产业、不同区域之间有所区别，比如霍尔果斯的税收政策就非常优惠，这就为纳税人提供了优化纳税方案的种种机会。纳税人科学合理地进行纳税筹划，不但能减轻纳税人的负担，又可促进落后产业或地区的发展，创造出更多税源，扩大税基，从而增加国家收入。此外，当纳税筹划给企业带来效益时，企业会扩大经营规模，企业的税负下降了，但纳税的绝对额增加了。

另外，随着海外企业不断增加且规模变大，进行纳税筹划的潜力巨大，可以减少国外税收款支出，为我国增加外汇收入。

③ 对社会而言，纳税筹划能够促进税务代理事业的发展，以及培养企业的自觉纳税意识。改革开放这些年，市场经济蓬勃发展，但纳税意识相对薄弱。随着税制进一步健全，大数据的广泛运用，以及社会化大生产的发展，纳税人已无法做到都熟悉并精通税法，更无法驾驭纳税筹划，客观上需要社会中介组织为其提供纳税筹划服务，即税务代理。这就为税务代理提供了更为广阔的需求市场，从而促进税务代理这一新生事物的迅速发展。企业通过学法、懂法、用法这一不断循环的过程，将增强自觉依法纳税的意识。

1.3 纳税筹划绝不是单一的行为

1.3.1 纳税筹划节税与风险并存

企业的任何经营活动都存在风险，包括投资、签约、创新、研发。所以，纳税筹划也是有风险的。有风险就需要规避，有规避就有成本，风险与成本是共生的。

纳税筹划的5个风险如图1-3所示。

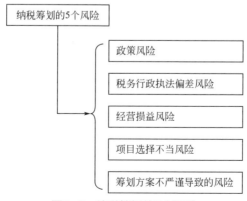

图1-3 纳税筹划的5个风险

（1）政策风险

纳税筹划人员利用税收政策进行纳税筹划，以达到减轻税负的目的，这个过程中存在政策的不确定性。一是政策选择风险，也就是选择错误政策的风险。由于政策的差异或认识的偏差，以及纳税筹划的合法性、合理性具有明显的时空特点，纳税筹划人员若不能很好地把握，就可能导致风险。为此，纳税筹划人员要把握税法，严格按照税法条文的字面含义去理解税收政策，关注立法机关、行政机关作出的解释。二是政策变化风险。税收政策不仅具有时空性，而且具有时效性，国家税务总局每年都会推出新的若干税收规定条目。这会导致企业长期纳税筹划风险的产生。

（2）税务行政执法偏差风险

税法在纳税范围上都留有一定的弹性空间，只要税法未予明确的，税务机关就有权根据自身判断认定是否为应纳税行为，于是就出现了税务行政执法的偏差。在确认纳税筹划合法性时，可能存在由于税务行政执法不规范从而导致纳税筹划失败的风险。如果企业的纳税筹划方法被税务机关认定为偷税或避税，那么纳税人的纳税筹划就是失败的，会招致处罚，从而付出较大的代价。

（3）经营损益风险

政府课税（尤其是所得税）其实是政府对企业既得利益的分享，但政府并未承诺承担经营损失风险的责任。当然，税法规定企业在一定期限内可以用以后实现的利润（税前利润）弥补前期发生的经营亏损。所以从某种意义上来说，政府是企业隐形的"合伙者"。企业盈利，政府收取企业所得税获取部分利润；企业亏损，政府通过延期弥补企业亏损承担了部分风险。这种所谓的风险分担，其实是以企业在以后限定期间内能够获利为前提，若在规定期限内没有盈利，则一切风险损失都由企业承担。

（4）项目选择不当风险

纳税筹划涉及企业筹资、投资、生产、经营、分配等各个领域，涉及增值税、所得税、个人所得税等几乎所有的税种。由于每个企业的具体情况千差万别，有的纳税筹划可能涉及一个项目、一个税种，有的可能涉及多个项目、多个税种，有的是单一性的，有的是综合性的。如果企业未加合理选择开展纳税筹划，操作程序不规范，其筹划成功的概率必然较低。

（5）筹划方案不严谨导致的风险

有的企业在纳税筹划时，过分追求纳税筹划而忽视税收政策遵从和财务核算规范，不科学地进行纳税筹划；有的严重脱离企业实际，不符合成本效益原则，没有从企业整体发展战略角度设计，缺少全局观和战略观，甚至违反税法等，从而带来了税收风险。

1.3.2 纳税筹划收益与成本共担

任何一项经营决策活动都具有两面性，它在给企业带来效益的同时也要企业为之付出代价。纳税筹划亦然。它能给企业带来效益，但也会给企业增加成本费用。

纳税筹划的成本表现为显性成本和隐性成本。显性成本是指选择和实施筹划方案过程中所产生的所有成本费用，包括咨询费、培训费等。纳税筹划人员必须具备较高的专业素质，一般企业高管及财会人员虽然懂税法，但普遍缺乏筹划应具备的信息与技能，所以纳税筹划大多要聘请税务顾问，或直接委托中介机构来进行，于是就产生了筹划成本。隐性成本是指纳税人采用拟定的纳税筹划方案而放弃的利益，这是机会成本。还有，倘若实施筹划方案失败，可能给企业造成损失，毕竟纳税筹划具有主观判断性，纳税人的经济活动与税收政策都是变化着的，一旦其中某一方发生变化，原有的筹划方案可能就不适用了，筹划方案可能就失败了。所以，我们进行纳税筹划时，不仅要考虑节减税收，还要考虑为此付出的代价。只有当筹划方案的收益大于成本支出时，此项纳税筹划方案才是切实可行的。

1.4 莫以为纳税筹划就是偷税漏税

1.4.1 纳税筹划的合理动机

所谓合理动机，首先，动机是合法的，即符合国家的税收政策，不是偷税、漏税或避税；其次，动机是善意的，既利国利民，亦利人利己，绝不是为一己私利去损害国家或他人的利益；最后，动机是可行的，通过纳税筹划能够实现节税的目的，而不是错误地运用或滥用税务政策。

（1）主观方面的动机

无可非议，凡纳税筹划行为，其主观方面的动机都是经济利益的驱动，即纳税主体是为了追求自身经济利益的最大化。改革开放40多年来，一些国有企业、集体企业、个体经营者选择到经济特区、开发区及税收优惠地区从事生产经营活动，其根本动机就是税收优惠政策的吸引。税收作为生产经营活动的支出项目，自然是越少越好。无论税收政策是怎样的公正合理，这种支出都意味着是纳税人直接经济利益的一种损失。纳税人希望减轻这方面的损失，亦在情理之中。尤其通过纳税筹划手段来减轻税负，它符合税收国策，这种主观意愿不应受到谴责。至于那些愿意为国家在税收方面多作贡献的，那是一种情怀，是企业优良品质的体现，更应受到推崇。

（2）客观方面的动机

1）纳税人界定上的可变通性

凡是税种，都是对其特定的纳税人给出的法律界定。而这种界定，理论上所涵盖的对象，与实际上所包括的对象，往往差别很大。这种差别的原因在于纳税人定义的可变通性，也正是这种可变通性诱发了纳税人的纳税筹划行为。特定的纳税人要缴纳特定的税收，如果纳税人能够证明自己不属于该税的纳税人，并且理由合理充分，那么就不用缴纳该种税收。

这里一般有三种情况：一是该纳税人确实转变了经营内容，过去是某税收的纳税人，现在成为了另一种税收的纳税人；二是内容与形式脱离，纳税人通过某种非法手段使其形式上不属于某税收的纳税义务人，而实际上并非如此；三是该纳税人通过合法手段转变了内容和形式，使纳税人无须缴纳该种税。

2）课税对象金额的可调整性

税额计算的关键取决于两个因素：一是课税对象金额；二是适用税率。纳税人在既定税率前提下，由课税对象金额派生的计税依据越小，税额就越少，纳税人税负就越轻。为此，纳税人想方设法尽量调整课税对象金额使税基变小。

如企业按销售收入缴纳增值税时，纳税人尽可能地使其销售收入变小。由于销售收入有可扣除调整的余地，从而使某些纳税人在销售收入内尽量多增加可扣除项目。

3）税率存在差别

税制中不同税种有着不同的税率，同一税种中不同税目也可能有不同的税率。这种广泛存在的差别性，为企业和个人进行纳税筹划提供了良好的客观条件。

4）全额累进临界点的突变性

全额累进税率和超额累进税率相比，累进税率变化幅度比较大，特别是在累进级距的临界点左右，其变化之大，令纳税人心动。这种突变性诱使纳税人采用各种手段使课税金额停在临界点低税率一方。

1.4.2 纳税筹划的意义

对于绝大部分中小企业来说，纳税筹划还是个混沌未开的课题，根本没有涉及。因而对于这些企业，纳税筹划是没有意义的。但相对于对纳税筹划已经有了一定了解的企业或正在做纳税筹划的企业来说，纳税筹划的意义和价值是很大的。现在很多企业都在强调开源节流，压缩开支，但大多数企业是降低材料成本或人工成本，很少去降低税负。

纳税筹划最重要的意义，自然是响应国家的税收调节政策，支持国家通过税收政策带动行业或地区发展的目的。纳税筹划也为企业减轻了税负，减少了开支，提升了经济效益。而企业进行纳税筹划的真正意义还在于合理有效地运用税收政策，减轻税负，节约成本，促进企业的发展。

纳税筹划的意义如图1-4所示。

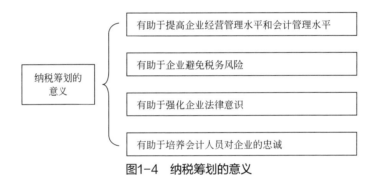

图1-4 纳税筹划的意义

（1）有助于提高企业经营管理水平和会计管理水平

资金、成本和利润是企业经营管理和会计管理的三要素。而纳税筹划理论，正是为了实现资金、成本和利润的最佳效果。所以，纳税筹划理论也是企业经营管理理论和会计管理理论的重要组成部分。国外一些企业在选择高级财务会计主管人员时，总是将应聘人员的纳税筹划知识和能力的考核，作为人员录取的标准之一。纳税筹划理论与实践的发展程度，实际上是衡量企业经营管理水平和会计管理水平的重要指标。

（2）有助于企业避免税务风险

企业减少税负的动机是客观存在的，但其行为方式可能是多种多样的。如果用违法的手段达到少交税收的目的，显然是遭人唾弃的，也是税法所不容的，必将给企业带来隐患和税务风险。而通过纳税筹划，用合法的手段、科学的方法达到减轻税负的目的，有助于抑制偷税漏税行为，避免企业可能存在的税务风险。

（3）有助于强化企业法律意识

纳税筹划是以遵守税法和拥护税法为前提的，是建立在对税法深刻认识和理解的基础上的，因而有助于企业强化税法意识，在不断学习中提高企业和会计人员的税收政策水平。

（4）有助于培养会计人员对企业的忠诚

纳税筹划能培养会计人员对税收政策的热爱。同时，会计人员在为企业进行纳税筹划时，在不违反税收政策的前提下，能自觉地将企业利益放在心中，坚定忠于企业、热爱企业的信念。

因此，真正意义上的纳税筹划，不论是对企业还是对国家，都是有积极意义的。纳税筹划是纳税人整体财务筹划的重要组成部分。

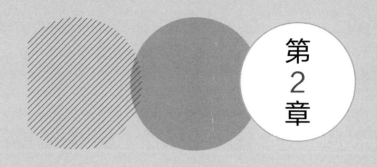

第 2 章

筹划有道
——必须遵循的原则和方法

> 纳税筹划作为企业的一种管理手段,必须行之有道,遵守一定原则和方法。所以,在进行纳税筹划之前,必须掌握纳税筹划主要有哪些方法。一般情况下,企业在进行纳税筹划时,如果既能遵守原则又能利用好筹划方法,就能够轻松地节约税收,促进企业的发展。

2.1 纳税筹划的原则

2.1.1 符合税法原则

税法原则是纳税筹划最基本的原则。若不符合税法，便是偷税漏税了。符合税法原则具体表现在以下3点。

① 纳税筹划运用的是符合现行税收法律、法规的，与现行国家税收法律、法规不冲突的手段，而不是采用隐瞒、欺骗等违法手段。

② 纳税筹划运用的方法是利用税法的立法导向进行筹划。税务部门应采取有效措施，对有关的税收法律、法规进行建立、健全和完善，堵塞纳税人利用税法漏洞达到减轻税负和降低纳税成本的目的。

③ 税务机关对待纳税人进行纳税筹划时，不应像对待偷税、逃税者那样追究纳税人的法律责任，相反政府应认可企业进行纳税筹划，并利用纳税人进行纳税筹划找出可能存在的漏洞，完善税收法律、法规。

当然，有些纳税筹划是合法的，但不一定是合理的。那些不符合国家税收政策精神的行为，如钻税法漏洞的行为等，也不符合纳税筹划的合理性原则。这也要求纳税人熟悉或通晓国家税收政策规定，并能够准确地把握合法与不合理的界限。

2.1.2 全盘考虑原则

一些老板在税收方面常常缺乏全盘意识，总是在发生应税行为时，才想到纳税筹划。这是一种短视行为，是对纳税筹划缺乏足够了解的表现。

① 企业税收是一项全局性工作，企业不仅要缴纳增值税，还要缴纳行为税、财产税、资源税、所得税等其他税种，某项税额的降低可能会导致其他税额的升高，在进行纳税筹划时，应全面考虑企业总体税负（或现金流出），特别是关联企业间更应注意此项工作。

② 纳税筹划不是在产生税负时才进行筹划，而是在各项经营行为之初，企业就应有足够的筹划意识。有时甚至在企业设立之初，便要进行纳税筹划，因为不同的组织形式可能会产生不同的税负。

③ 不能光看眼前的税负，还要考虑长远的税负。有些老板为了减少眼前的税

负,恨不得把后期的成本费用发票都找来,马上入账,其结果是眼前的税负降低了,可是以后没有足够的成本费用发票时,税负会立马飙升。所以,要做税务筹划,需要有长远意识,既着眼于现在,也着眼于未来。

2.1.3 成本效益原则

企业的经济指标是相互联系的,往往"牵一发而动全身"。有时我们在进行纳税筹划时,可能实现了税收节约,却引发了其他经济指标的负面效果。所以,纳税筹划要进行"成本—效益"分析,判断其方案是否经济可行。

① 企业应以税后收益最大化为目标,充分考虑纳税筹划的显性成本、风险成本、交易成本及机会成本,进行有效纳税筹划。当然,在筹划税收方案时,不能一味地考虑税收成本的降低,而忽略因该筹划方案的实施所引发的其他费用的增加或收入的减少,必须综合考虑采取该纳税筹划方案是否能给企业带来真正的收益。

② 纳税筹划会耗费一定的人力、物力和财力,应尽量使筹划成本费用降低到最小程度,筹划效益达到最大程度。

2.1.4 适时调整原则

税收政策不是一成不变的,它往往会随着国家经济结构或政策的调整而变化。尤其是各种优惠政策,更是应国家重点发展之所需。这就要求筹划人员必须注意税收政策法规的变动及未来方向,不断补充和修订纳税筹划方案。若是出现了新的税收政策,筹划人员要马上研究,商议对策,对照筹划方案予以适时调整,以谋求更经济、更合理的筹划方案。

2.1.5 自我保护原则

我国大部分税种的税率、征收率不是单一税率,有的税种还有不同的扣除率、出口退税率。纳税人要避免多交税款,在兼营不同税种不同税率的货物或劳务时,在出口货物时,在同时经营应税与免税货物时,要按不同税率(退税率)分别设账、分别核算(与财务会计的设账原则不同);在有混合销售行为时,要掌握计税原则。另外,由于增值税实行专用发票抵扣,依法取得并认真审核、妥善保管专用发票是至关重要的。对纳税人来说,这都是保护性的措施,否则不但不能减轻负担,还可能加重负担。

企业的账簿、凭证是记录企业经营情况的真实凭据,是税务机关进行征税的重要依据，也是证明企业没有违反税收法律法规的重要依据。

2.2 纳税筹划是有法可循的

2.2.1 纳税主体的筹划

纳税筹划是在税法许可范围内，通过科学合理的方法和策略，以降低纳税人税负的经济行为。企业纳税筹划对于获取资金时间价值、实现涉税零风险、减轻企业税收负担、追求经济效益和维护自身合法权益等方面具有重要意义。例如，在企业实际生产经营过程中，可采用以下方法开展企业所得税纳税筹划。

就企业而言，一旦决定了的组织形式是不会改变的。当然，这并不是说，组织形式是一锤定音，从一而终。企业的组织形式在必要的情况下，也是可以改变的，比如，纳税筹划的需要。

由于不同的纳税主体在税收待遇上是不同的，纳税筹划就应该在纳税主体上做文章。我们知道，个人独资企业、合伙企业的所得税一般会低于公司制企业（包括有限责任公司和股份有限公司），因为前者不存在重复征税问题，只交个人所得税，不交企业所得税，而后者一般涉及双重征税问题，即既交企业所得税，投资者分红时还要交个人所得税。即使同为公司制企业，又有居民企业与非居民企业之分。以居民企业为例，小型微利企业适用的税率为5%～10%，高新技术企业适用的税率为15%，其他企业的税率为25%。

对纳税主体的筹划，一是在企业设立之初，面临着不同的组织形式、投资地点以及经营范围的选择；二是在业务扩展中，面临着分支机构形式的选择，相关的抉择会导致对企业未来经营与发展的不同影响，产生不同的税务后果；三是已成立的企业，也可以通过改制、改组引起纳税主体的改变；四是可以通过不同企业之间的互相渗透，把原来不属于税收优惠范围的企业、不能享受优惠政策的纳税主体，通过重组变为享受优惠政策的纳税主体，从而享受税收优惠的好处。

2.2.2 计税依据的筹划

计税依据的筹划，通常是指对税基进行筹划。税基是指政府征税的客观基础，它描述的是政府征税的广度，即解决对谁的"什么"征税的问题。税基筹划的内容可从以下3个方面着手，如图2-1所示。

图2-1 税基筹划的内容

（1）税基最小化

税基最小化即通过合法降低税基总量，减少应纳税额或者避免多交税。在增值税、企业所得税的筹划中经常使用这种方法。

（2）控制和安排税基的实现时间

一是推迟税基实现时间。推迟税基实现时间可以获得递延纳税的效果，获取货币的时间价值，等于获得了一笔无息贷款的资助，给纳税人带来的好处是不言而喻的。在通货膨胀环境下，税基推迟实现的效果更为明显，实际上是降低了未来支付税款的购买力。

二是税基均衡实现。税基均衡实现即税基总量不变，在各个纳税期间均衡实现。在适用累进税率的情况下，税基均衡实现可实现边际税率的均等，从而大幅降低税负。

三是提前实现税基。提前实现税基即税基总量不变，税基合法提前实现。在减免税期间税基提前实现可以享受更多的税收减免额。

（3）合理分解税基

合理分解税基是指把税基进行合理分解，实现税基从税负较重的形式向税负较轻的形式转化。

2.2.3 征收税率的筹划

针对不同的征税对象，可能实行不同的税率。税率的不同，带来的是税负的不同。因而，税率也成了纳税筹划的重点。

两种不同税率筹划（图2-2）的具体操作如下。

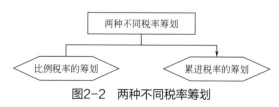

图2-2 两种不同税率筹划

(1) 比例税率的筹划

同一税种往往对不同征税对象实行不同的税率。通过分析税率差距的原因，及其对税后利益的影响，谋求实现税后利益最大化的最低或最佳税负点。比如，我国增值税有13%的基本税率，还有9%的低税率，小规模纳税人增值税规定的征收率为3%。

企业通过对上述比例税率进行合理筹划，设法寻找最低税负点或最佳税负点，便可谋求税后利益的最大化。此外消费税、个人所得税、企业所得税等税种，都存在多种不同的比例税率，也可以进一步筹划比例税率，使纳税人尽量适用较低的税率，以节约税金。

(2) 累进税率的筹划

各种形式的累进税率都存在一定的筹划空间。筹划累进税率的主要目的是防止税率的攀升。其中适用超额累进税率的纳税人对防止税率攀升的欲望程度较低，适用全额累进税率的纳税人对防止税率攀升的欲望程度较强，适用超率累进税率的纳税人对防止税率攀升的欲望程度与适用超额累进税率的纳税人相同。

我国个人所得税中的"工资、薪金所得""劳务报酬所得"等多个项目的所得分别适用不同的超额累进税率。对个人所得税来说，采用税率筹划方法可以取得较好的筹划效果。

2.2.4 优惠政策的筹划

优惠政策的筹划是指投资于不同的地区和不同的行业，以享受不同的税收优惠政策。目前，企业所得税的税收优惠政策形成了以产业优惠为主、区域优惠为辅，兼顾社会进步的新的税收优惠格局。

区域税收优惠只保留了西部大开发税收优惠政策，其他区域优惠政策已取消。产业税收优惠政策主要体现在促进技术创新和科技进步，鼓励基础设施建设，鼓励农业发展及环境保护与节能等方面。因此，企业利用税收优惠政策开展纳税筹划主要体现在以下3个方面，如图2-3所示。

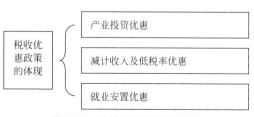

图2-3 税收优惠政策的体现

（1）产业投资优惠

其主要包括对国家需要重点扶持的高新技术企业减按15%税率征收所得税；对农林牧渔业给予免税；对国家重点扶持基础设施投资享受三免三减半税收优惠；对环保、节能节水、安全生产等专用设备投资额的10%从企业当年应纳税额中抵免。

（2）减计收入及低税率优惠

其主要包括对符合条件的小型微利企业实行优惠税率；资源综合利用企业的收入总额减计10%。税法对小型微利企业在应纳税所得额、从业人数和资产总额等方面进行了界定，政策规定：对小型微利企业年应纳税所得额不超过100万元的部分，减按25%计入应纳税所得额，按20%的税率缴纳企业所得税；对年应纳税所得额超过100万元但不超过300万元的部分，减按50%计入应纳税所得额，按20%的税率缴纳企业所得税。

（3）就业安置优惠

其主要包括企业安置残疾人员所支付的工资加计100%扣除，安置特定人员（如下岗、待业、专业人员等）就业支付的工资也给予一定的加计扣除。企业只要录用下岗员工、残疾人士等都可享受加计扣除的税收优惠。企业可以结合自身经营特点，分析哪些岗位适合安置国家鼓励就业的人员，筹划录用上述人员与录用一般人员在工薪成本、培训成本、劳动生产率等方面的差异，在不影响企业效率的基础上尽可能录用可以享受优惠的特定人员。

2.2.5 其他筹划方法

税法中有很多可抵扣的项目，比如研发费用、公益性支出等都可以进行抵扣，而且研发费用在按规定据实扣除的基础上，在2020年1月1日至12月31日期间，再按照实际发生额的75%在税前加计扣除；形成无形资产的，在上述期间按照无形资产成本的175%在税前摊销。

企业可以通过增加研发费用来进行筹划，一方面可以降低税负，另一方面可以提升企业的核心竞争力。同时，还有出口退税、固定资产折旧等很多可以抵扣的项目可以利用，企业充分利用好这些抵扣项目，可以大大地节约税费。

此外，会计核算方式不同，最终计算出来的税费也有很大差异。企业通过采用更加适合自己的会计核算方法，比如改变销售收入的确认时间，可以将某一时期的所得税结转到下一时期，这样就可以进行合理节税；再比如，可以改变固定资产的折旧方法和年限，增加折旧，那么所得税抵扣额也会增加，结果就是所得税税费降低。

2.3 纳税筹划的步骤和操作方法

2.3.1 纳税筹划的步骤

做任何事情,都讲求有计划按步骤推进,纳税筹划也不例外。纳税筹划不是一件容易的事,它需要循序渐进,在完全掌握税收政策的基础上,反复研究方案,再逐步实施。

纳税筹划的步骤包括5个,如图2-4所示。

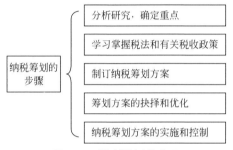

图2-4 纳税筹划的步骤

(1)分析研究,确定重点

分析研究纳税人经营、管理和理财的基本情况,确定纳税筹划的重点。筹划人员需要了解的问题包括:纳税人的经营环境、纳税人经营管理特点、纳税人发展战略目标和策略、纳税人财务状况、领导对待纳税筹划风险的态度、纳税人纳税的基本情况等。掌握上述情况,再进行分析比较,确认纳税筹划的重点,以及对企业所具有的实际意义。

(2)学习掌握税法和有关税收政策

掌握国家税法和政策精神,是一项重要的纳税筹划前期工作。不论是纳税人自己进行筹划还是聘请外部的税收顾问进行筹划,在着手进行纳税筹划之前,筹划人员都应学习和掌握国家有关的政策及精神,争取税务机关的帮助与合作,这一点尤为重要。

(3)制订纳税筹划方案

这需要筹划人员在掌握税法和企业信息的基础上,高瞻远瞩,深谋远虑,提出守法、实效、可行、技高的方案来。具体分为以下几步。

① 进行可行性分析。确定纳税筹划思路,并进行可行性分析。

② 草拟方案。根据纳税人的情况和要求,以及税法及政策的情况,草拟筹划方案。

③ 税负计算。按照纳税筹划设计的方案对纳税人的应纳税额进行具体的计算。

④ 各因素变动分析。对影响纳税筹划效果的内部因素将来可能会发生的变动进行分析。

⑤ 敏感分析。对影响纳税筹划实施的内外部条件可能发生变化而引起纳税筹划效果变化的敏感程度进行分析。

⑥ 综合评估。分析评估纳税人税收行为的变化对纳税人的综合、整体的影响。

⑦ 设计几种可行的筹划方案。为达到筹划目标,往往会有几种行动方案,因此要考虑可能的路径,设计出相应方案。

(4) 筹划方案的抉择和优化

筛选时主要考虑下面的一些因素。

① 选择节约税收更大的或得到财务利益更大的方案。

② 选择执行成本更低的方案。

③ 选择执行更便利的方案。

选出的筹划方案纳税人未必十分满意,还需要综合纳税人多方面的意见进行修改,不断优化,直至满意为止。

(5) 纳税筹划方案的实施和控制

筹划方案实施后,要进行筹划控制,通过信息反馈,针对可能出现的变化,及时调整筹划方案,以实现预期的筹划目的,控制筹划风险。纳税人应指定专职纳税筹划人员,实行首席负责制,为筹划的开展和实施提供保障。

要做好纳税筹划,首先要扎实基础工作,然后才能有针对性地谋划方案。若是连基础工作都没做稳,又何谈筹划?所以,纳税筹划要按部就班地推进,稳打稳扎,才能真正实现筹划的预期效果。

2.3.2 纳税筹划的操作方法

纳税筹划的操作方法主要有3种,具体如下。

(1) 针对税种进行纳税筹划

不同的税种有不同的筹划空间,就有不同的筹划方法。增值税的纳税筹划、企业所得税的纳税筹划、个人所得税的纳税筹划,策略多种多样,方法不尽相同。针对税种进行筹划的优点是筹划简单明了;缺点是在实际经营活动中,税收很少单纯出现一个税种,而是多个税种同时出现,需要统筹考虑,否则会顾此失彼。

(2)针对经济活动的不同方式和环节进行纳税筹划

如组织形式的纳税筹划、投资的纳税筹划、营销的纳税筹划等,由于要考虑多种因素的影响,就可能同时涉及多个税种。这种方法的优点是综合了经济活动中的多种因素,具有很强的针对性;缺点是计算较为复杂,有时需要专业人士去运作和计算,甚至需要用数学模型来解决。

(3)上述两种方法的混合使用

实际操作中,不受操作方法的限制,可以根据需要,将两种方法结合在一起,全面考虑税负,减轻企业负担。

2.4　纳税筹划的9大基本方法

(1)纳税人筹划法

纳税人筹划法是指进行纳税人身份的合理界定和转化,使纳税人承担的税负尽量降到最低程度,或直接避免成为某类纳税人。

1)纳税人不同类型的选择

纳税人有4种类型,如图2-5所示。

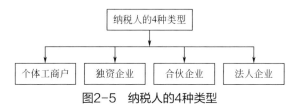

图2-5　纳税人的4种类型

个体工商户、独资企业和合伙企业的经营所得,以每一纳税年度的收入总额减除成本、费用以及损失后的余额为应纳税所得额,计算缴纳个人所得税而不需要缴纳企业所得税。

法人企业按照税法要求需要就其经营利润缴纳企业所得税,若法人企业对自然人股东实施利润分配,还需要缴纳20%的个人所得税。

2）不同纳税人之间的转化

增值税的纳税人分为一般纳税人和小规模纳税人。在对这两种类型纳税人征收增值税时，计算方法和征管要求不同。一般纳税人实行进项抵扣制，而小规模纳税人必须按照使用的简易计税方法计算缴纳增值税且不实行进项抵扣制。

3）避免成为法定纳税人

税法规定，房产税的征税范围是城市、县城、建制镇和工矿区的房产。对于房产界定为房屋，即有屋面和围护结构，能够遮风挡雨，可供人们在其中生产、学习、娱乐、居住或者储藏物资的场所；独立于房屋之外的建筑物，如围墙、停车场、室外游泳池、喷泉等，不属于房产，若企业拥有以上建筑物，则不成为房产税的纳税人，就不需要缴纳房产税。

企业在进行纳税筹划时可将停车场、游泳池等建成露天的，并且把这些建筑物的造价同厂房和办公用房等分开，在会计中单独核算，从而避免成为游泳池等的法定纳税人。

（2）会计政策筹划法

会计政策筹划法分为分摊筹划法和会计估计筹划法。

分摊筹划法包括无形资产摊销、待摊销费用摊销、固定资产折旧、存货计价方法、间接费用分配等，通过会计政策的不同，调节分摊金额，以达到降低税额或控制纳税时间差异的目的。

会计估计筹划法是指企业生产经营中存在诸多不确定因素，一些项目不能精准计算，而只能加以估计。在会计核算时，对尚在延续中、其结果未确定的交易或事项需要估计入账。这种会计估计会影响计入特定时期的收益或费用的数额，给纳税筹划提供了空间和可能。

（3）税负转嫁筹划法

税负转嫁筹划的操作平台是价格，其基本操作原理是利用价格浮动、价格分解来转移或规避税收负担。税负转嫁筹划能否通过价格浮动实现，关键取决于商品的供给弹性与需求弹性的大小。税负转嫁筹划法分为两种。

① 税负前转筹划法，即纳税人通过提高商品或生产要素价格的方式，将其所负担的税款转移给购买者或最终消费者。

② 税负后转筹划法，即纳税人通过降低生产要素购进价格、压低工资或其他方式将其负担的税款转移给提供生产要素的企业。

（4）税率筹划法

税率筹划法包括：比例税率筹划法，即通过比例税率筹划法使得纳税人适用较低的税率；累进税率筹划法，即防止税率攀升，注意个人所得税、土地增值税等累进税制对税负的影响。

（5）税收优惠筹划法

税收优惠一般是特殊行业、特定区域、特定行为、特殊时期的税收优惠。税收优惠的形式包括免税、减税、免征额、起征点、优惠税率和税收抵免等。纳税人可以通过行业、区域、行为和特殊时期的筹划，来享受免税、免征、抵免等税收优惠。

（6）递延纳税筹划法

递延纳税筹划法可以通过推迟确认收入和提前支付费用来实现递延纳税筹划。推迟确认收入，就是推迟实现销售收入的时间，比如委托代销、改一次付款为分期付款等，都可以推迟收入确认的时间。提前支付费用的用意在于早点取得增值税专用发票，增加进项税额，从而少交增值税。

（7）规避平台筹划法

在纳税筹划中，常常把税法规定的若干临界点称为规避平台。规避平台建立的基础是临界点，因为临界点会由于"量"的积累而引起"质"的突破，是一个关键点。当突破某些临界点时，由于所适用的税率降低或优惠增多，从而获得税收利益，这便是规避平台筹划法的基本原理。

（8）资产重组筹划法

资产重组筹划法分为合并筹划法和分立筹划法。

1）合并筹划法

合并筹划法是指企业利用并购及资产重组手段，改变其组织形式及股权关系，实现税负降低的筹划方法。

① 企业合并可以进入新的领域、行业，享受新领域、新行业的税收优惠政策。

② 并购大量亏损企业，盈亏补抵，实现成本扩张。

③ 企业合并实现关联性企业或上下游企业流通环节减少，合理规避流转税和印花税。

④ 企业合并可能改变纳税主体的性质，如由小规模纳税人变为一般纳税人，由内资企业变为中外合资企业。

⑤ 企业合并可以利用免税重组优惠政策，规避资产转移过程中的税收负担。

2）分立筹划法

分立筹划法是指一家企业将部分或全部资产分离转让给现存或新设立的企业，

被分离企业股东换取分立企业的股权,实现企业的依法拆分。分立筹划法利用拆分手段,可以有效地改变企业规模和组织形式,降低企业整体税负。

① 分立为多个纳税主体,形成有关联关系的企业群,实施集团化管理和系统化筹划。

② 企业分立将兼营或混合销售中的低税率或零税率业务独立出来,单独计税,降低税负。

③ 企业分立使适用累进税率的纳税主体分化成两个或多个适用低税率的纳税主体,税负自然降低。

④ 企业分立增加了一道流通环节,有利于流转税抵扣及转让定价策略的运用。

(9)业务转化筹划法

业务转化筹划法手段灵活,对应税货物或劳务进行渗入或拆分,使其成为不同于原业务的新业务,以改变税基或税率,实现税负降低。比如转让专利使用权,可以将该业务转化为技术服务,在总收入不变的情况下,分期实现收入,实现递延缴纳个人所得税。再比如,建材销售并安装业务属于混合销售,要合并缴纳增值税。如果把该项业务转化为销售建材和安装两项业务,则销售建材适用一般计税,安装业务适用简易计税,两者税率不同,可以节约税额。

第3章

增值税
——纳税筹划有理有"节"

自营改增后,增值税成了企业最主要的流转税,在企业税费中占据非常重要的地位。对企业的增值税实行纳税筹划,不仅可以"少交税款"或"节税",增加企业的现金流量,还有利于企业从总体上实现企业价值最大化的目标。

3.1 妙用增值税纳税人身份

增值税的纳税筹划,就是在税法允许的范围内,针对增值税的特点,纳税人采用合理的手段,谋求自身利益最大化的行为。增值税纳税筹划对企业管理水平(尤其是财务管理能力)的依赖程度很高,在纳税筹划的过程中需要考虑本行业、本产品所涉及的特殊税收政策,统筹考虑各纳税筹划方案,从整体上考虑其对企业的影响。

根据增值税征收方式的不同,纳税人分为一般纳税人和小规模纳税人。具体划分与企业的规模大小并无直接联系,但在计算和缴纳增值税时,有着明显的区别。大家都知道,这两种身份的企业,在税负上会存在很大的差别。因此,选择企业的身份便显得尤为重要。

3.1.1 选择一般纳税人或小规模纳税人

增值税纳税人分为一般纳税人和小规模纳税人。除硬性规定的标准外,在符合标准的情况下,纳税人也可在两种身份之间自主选择。

认定小规模纳税人、一般纳税人的标准,可以从图3-1所示的两个方面实行。

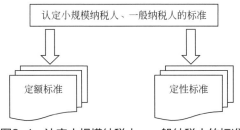

图3-1 认定小规模纳税人、一般纳税人的标准

(1)定额标准——根据经营规模区分

① 根据《财政部 税务总局关于统一增值税小规模纳税人标准的通知》(财税〔2018〕33号)的规定,增值税小规模纳税人标准为年应征增值税销售额500万元及以下。

② 转登记为小规模纳税人后,如纳税人连续12个月或者4个季度的销售额超过500万元,则应按照规定,再次登记为一般纳税人。

③《增值税一般纳税人登记管理办法》第二条规定,年应税销售额是指纳税

人在连续不超过12个月或4个季度的经营期内累计应征增值税销售额，包括纳税申报销售额、稽查查补销售额、纳税评估调整销售额。销售服务、无形资产或者不动产（以下简称"应税行为"）有扣除项目的纳税人，其应税行为年应税销售额按未扣除之前的销售额计算。纳税人偶然发生的销售无形资产、转让不动产的销售额，不计入应税行为年应税销售额。

④ 根据《国家税务总局关于增值税一般纳税人登记管理若干事项的公告》的规定，"纳税申报销售额"是指纳税人自行申报的全部应征增值税销售额，其中包括免税销售额和税务机关代开发票销售额。"稽查查补销售额"和"纳税评估调整销售额"计入查补税款申报当月（或当季）的销售额，不计入税款所属期销售额。

（2）定性标准——根据纳税人性质和会计核算程度

① 年应税销售额超过小规模纳税人标准的其他个人（自然人）按小规模纳税人纳税；非企业性企业和不经常发生应税行为的企业可自行选择是否按小规模纳税人纳税。

② 年应税销售额未超过标准以及新开业的纳税人，有固定的经营场所，会计核算健全，能准确提供销项税额、进项税额的可认定为一般纳税人。

这是税务部门对一般纳税人标准的硬性规定。只要达到了这个标准，就应当主动申请一般纳税人。

对于一些达不到标准的小规模企业，也可以自行选择一般纳税人。那么如何在一般纳税人和小规模纳税人之间做出选择？应根据企业的实际情况来决定，具体有以下4种情况。

① 达到一般纳税人标准，但企业有意规模化发展，且在各种竞争和招标中存有优势，那么可以选择一般纳税人。当企业与大型企业合作时，对方很可能是一般纳税人，会要求供应商提供增值税专用发票。小规模企业也可以开增值税专用发票，但增值税税率为3%。

② 未达到一般纳税人标准，但企业购进物资及劳务都能取得合法的进项税发票，且在毛利率较低的情况下，可以选择一般纳税人。

③ 通过税负测算，毛利率长期超过3%。这类企业在不考虑其他因素情况下，建议选择小规模纳税人，因为小规模纳税人的增值税税率为3%。若选择一般纳税人，毛利率超过3%，增值税税率一般会超过3%。

④ 因行业特殊，或具有采购零星、供应商财务不规范等特点的一些企业，采购时若无法取得合法的扣税凭证，应选择小规模纳税人为好。

一家企业选择一般纳税人好，还是小规模纳税人好，必须综合考虑，而不是某一个因素所能决定的。

3.1.2 一般纳税人和小规模纳税人的税负临界点

一般纳税人和小规模纳税人是纳税人的两种身份，其税负临界点是按照不同依据划分的。常见的依据有两个，如图3-2所示。

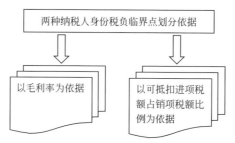

图3-2 两种纳税人身份税负临界点划分依据

（1）以毛利率为依据，计算纳税人两种身份的临界点

一般纳税人的增值税计算公式为：

应纳增值税额＝销项税额－进项税额
　　　　　＝（销售收入－销售成本）×一般纳税人增值税税率
　　　　　＝毛利×一般纳税人增值税税率
　　　　　＝销售收入×毛利率×一般纳税人增值税税率

小规模纳税人的增值税计算公式为：

应纳增值税额＝销售收入×小规模纳税人增值税税率

以制造业为例，当前制造业一般纳税人增值税税率为13%，小规模纳税人增值税税率为3%，计算两种纳税人的临界点：

销售收入×毛利率×一般纳税人增值税税率＝销售收入×小规模纳税人增值税税率

销售收入×毛利率×13%＝销售收入×3%

毛利率≈23.08%

即：当毛利率为23.08%时，一般纳税人和小规模纳税人的应纳增值税额是相等的；当毛利率大于23.08%时，一般纳税人的增值税税负要重于小规模纳税人的税负，此时建议选择小规模纳税人；当毛利率小于23.08%时，一般纳税人的增值税税负会轻于小规模纳税人的税负，此时建议选择一般纳税人。

喜丹公司2020年6月服装销售额为750万元,购进的服装价值650万元。(上述价格均为不含税价)

若喜丹公司为小规模纳税人,增值税税率为3%,则2020年6月应纳税额=750×3%=22.5(万元)。

若喜丹公司为一般纳税人,增值税税率为13%,则2020年6月应纳税额=750×13%-650×13%=13(万元)。

这样的话,喜丹公司选择一般纳税人,就会少交增值税9.5(22.5-13)万元。

喜丹公司2020年6月服装销售额为750万元,购进的服装价值550万元。(上述价格均为不含税价)

若喜丹公司为一般纳税人,增值税税率为13%,则2020年6月应纳税额=750×13%-550×13%=26(万元)。

显然,当购进的服装价值为550万元时,喜丹公司选择小规模纳税人,就可以少交增值税3.5(26-22.5)万元。

对于喜丹公司选择一般纳税人和小规模纳税人的分析,就是要看毛利率:

案例1,喜丹公司的毛利率为:(750-650)÷750≈13.33%,低于23.08%;

案例2,喜丹公司的毛利率为:(750-550)÷750≈26.67%,高于23.08%。

由此可见,毛利率为23.08%可以作为选择一般纳税人和小规模纳税人的标准。

(2)以可抵扣进项税额占销项税额比例为依据,计算纳税人两种身份的临界点

一般纳税人的增值税计算公式如图3-3所示。

```
应纳增值税额=销项税额-进项税额
         =销项税额×(1-进项税额÷销项税额)
         =销售收入×一般纳税人增值税税率×(1-进项税额÷销项税额)
```

图3-3 一般纳税人的增值税计算公式

小规模纳税人的增值税计算公式如图3-4所示。

> 应纳增值税额＝销售收入×小规模纳税人增值税税率

图3-4　小规模纳税人的增值税计算公式

以制造业为例，计算两种纳税人的临界点：

销售收入×一般纳税人增值税税率×（1－进项税额÷销项税额）＝销售收入×小规模纳税人增值税税率

销售收入×13%×（1－进项税额÷销项税额）＝销售收入×3%

进项税额÷销项税额≈1－23.08%＝76.92%

即：当可抵扣进项税额占销项税额的比例为76.92%时，一般纳税人与小规模纳税人的税负相同；当可抵扣进项税额占销项税额比例大于76.92%时，一般纳税人的税负要轻于小规模纳税人的税负；当可抵扣进项税额占销项税额比例小于76.92%时，一般纳税人的税负会重于小规模纳税人的税负。

案例 3

红霞公司预计企业在未来的规模不会有太大变化，经营业务项目也不会有太大改变。红霞公司属于私营作坊，一年销售额在800万元左右，为一般纳税人。但红霞公司购进材料少，且一部分材料不能取得正规发票。如果可以考虑将企业分设为B1、B2两家企业，各自作为独立核算企业，销售额分别为350万元和450万元，便可成为小规模企业，这时增值税税率降为3%，税负就减轻了。

3.2　增值税税率的纳税筹划

3.2.1　混合销售的纳税筹划

一项销售行为如果既涉及服务又涉及货物，称之为混合销售。从事货物的生产、批发或者零售的企业和个体工商户的混合销售行为，按照销售货物缴纳增值税；其他企业和个体工商户的混合销售行为，按照销售服务缴纳增值税。

这里所称从事货物的生产、批发或者零售的企业和个体工商户，包括以从事货物的生产、批发或者零售为主，并兼营销售服务的企业和个体工商户在内。

应予说明的是：出现混合销售行为，涉及的货物和服务是直接为销售一批货物而做出的，二者之间是紧密相连的从属关系。它与一般同时从事两类应税项目，而二者之间并没有直接从属关系的兼营行为，是完全不同的。换句话说就是，混合销售行为是不可能分别核算的。

（1）应税劳务混合销售的纳税筹划

税法规定，以从事货物的生产、批发或零售为主，并兼营应税服务的混合销售，是指纳税人年货物销售额与应税服务营业额的合计数中，年货物销售额超过50%，应税服务营业额不到50%。

如果发生混合销售行为的企业或企业性单位同时兼营应税服务，应看应税服务年销售额是否超过总销售额的50%。如果应税服务年销售额大于总销售额的50%，则该混合销售行为应按劳务税率缴纳增值税；如果应税服务年销售额小于总销售额的50%，则该混合销售行为应按销售税率缴纳增值税。

换句话说，若应税劳务达不到总销售额的50%，企业可以增加应税服务收入，或降低货物销售的比例，来实现混合销售的纳税筹划。在实际业务中，一些企业并不能轻易地变更经营项目的比例，这就要根据企业的实际情况，采取灵活多样的方法，来调整经营范围或核算方式，减轻增值税的税负。

（2）设立专业服务公司的纳税筹划

当混合销售中的服务项目达不到50%时，其增值税应遵从销售货物的增值税税率，税负较重。既然这种服务项目是企业的常规性经营项目，不妨设立专业的服务公司，实行独立核算。服务公司只要营业额不超过500万元，就不会变成一般纳税人，可享受小规模纳税人的增值税税率。

案例 4

蓉华锅炉厂是提供锅炉并负责安装锅炉的专业厂家，其锅炉销售额占全厂收入的70%。2020年年底，实现销售锅炉收入1000万元，安装锅炉收入300万元，适用增值税税率为13%，假定其毛利率（视同增值额）为20%，那么其应纳税额为（1000×20%+300）×13%＝65（万元）。

假如蓉华锅炉厂成立专业锅炉安装公司，专为蓉华锅炉厂提供安装服务，由于其年服务额为300万元，未达到500万元，因此为小规模纳税人，适用增值税税率为3%。则：

蓉华锅炉厂应纳增值税额＝1000×20%×13%＝26（万元）

锅炉安装公司应纳增值税额＝300×3%＝9（万元）

两企业应纳增值税额总计＝26+9＝35（万元）

有的企业将销售货物和提供服务项目的合同分别签订，以期分别缴纳不同税率的增值税。这种做法固然能够节税，但其不妥之处在于，根据实质大于形式的税务原则，本是一项业务中的两个项目，通过分别签订合同来拆分业务，改变的是形式，而实质仍是一项业务，所以这样的策划存在逃税风险。

3.2.2 兼营销售的纳税筹划

根据《中华人民共和国增值税暂行条例》（2017年）第三条的规定，纳税人兼营不同税率的项目，应当分别核算不同税率项目的销售额；未分别核算销售额的，从高适用税率。所谓兼营不同税率的项目，是指纳税人生产或销售不同税率的货物，或者既销售货物又提供应税劳务。因此，纳税人兼营不同税率的项目时，一定要分别核算，否则，会增加纳税人的税收负担。

在企业的生产经营中，往往会发生同一企业生产不同税率产品，并分别销售的情况。这时，企业从降低自身税收负担的角度考虑，应严格将不同税率产品的销售额和销售数量分别核算，否则将面临对全部产品统一适用高税率的可能。

占东日杂公司为增值税一般纳税人，2020年11月销售百货取得含税收入100万元，同时销售粮油取得含税收入60万元。

占东公司销售百货及粮油都属于增值税的纳税范围，但适用税率不同。销售百货适用税率为13%，而销售粮油适用税率为9%。因此，该日杂公司销售方式属于兼营不同税率的货物的兼营行为。对于这种兼营行为，可选择分开核算以减轻税负。

第一种方案：分别核算。

销售百货应纳增值税额＝100÷（1+13%）×13%≈11.50（万元）

销售粮油应纳增值税额＝60÷（1+9%）×9%≈4.95（万元）

第二种方案：未分别核算。

应纳增值税额＝（100+60）÷（1+13%）×13%≈18.41（万元）

可见，分别核算可以避免从高适用税率，合计缴纳增值税款16.45（11.50+4.95）万元，较未分别核算为企业减轻1.96(18.41-16.45)万元税收负担。

通过以上分析可知，兼营不同税率货物的情况下，只有严格按照税法规定，分别核算不同税率货物或者应税劳务的销售额，才可以减轻企业税负。

（1）合同文本设计

假设上述公司在2020年11月与客户签订的合同中，企业销售人员只注重销售业绩，未将销售合同中百货和粮油的销售额分别核算，那么企业的该项销售额就只能全部按销售百货缴纳增值税，从而增加了企业税收负担。所以企业应设计出标准的合同范本，分别列示所销售不同产品的数量和金额，要求销售人员遵照执行。

（2）财务核算

如果说合同文本设计是企业"分别核算"的基础环节，那么财务核算就可以说是企业"分别核算"的核心环节。

首先，企业应加强存货管理，尤其是对各类产品的出库数量应有准确、清晰记录，并以此作为企业分别核算"产品销售成本"的依据。

其次，企业应加强对"产品销售收入""产品销售成本""产品销售税金"等科目下二级甚至三级科目的核算，尤其是在企业基础管理较好，已经在销售合同中分别核算不同产品的销售数量和销售金额，以及存货管理也比较完整的情况下，按产品的种类核算以上科目，可以最终实现税法中对"分别核算"的基本要求。

3.3 增值税计税依据的纳税筹划

3.3.1 不同的结算时间影响纳税

增值税，顾名思义，就是对增值部分进行征税，就是对企业的收入与成本的差额进行征税。进一步说，企业应纳增值税额就是当期销项税额与当期进项税额之差。因而进行增值税的筹划，总的原则是尽可能缩小销项税额，扩大进项税额。

销项税额的纳税筹划应当从降低销售额和降低税率两个方面进行。降低销售额可以通过对不同的销售方式、结算方式、结算工具的选择来实现；降低税率的选择余地较少，但也可以通过纳税身份的选择来实现。

进项税额的纳税筹划主要是通过对不同购进价格的选择来实现。

增值税的纳税时间，是由纳税人应税事项的发生时间来决定的。而纳税人应税事项的发生时间，也会因结算方式的不同而不同，具体有两种情况，如图3-5所示。

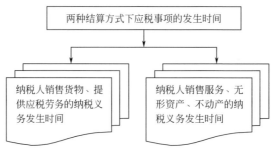

图3-5 两种结算方式下应税事项的发生时间

（1）纳税人销售货物、提供应税劳务的纳税义务发生时间

① 采取直接收款方式销售货物的，不论货物是否发出，均为收到销售款或取得（索取）销售款项凭据的当天。

② 采取托收承付和委托银行收款方式销售货物，为发出货物并办妥托收手续的当天。

③ 采取赊销和分期收款方式销售货物，为书面合同约定的收款日期当天，无书面合同的或者书面合同没有约定收款日期的，为货物发出的当天。

④ 采取预收货款方式销售货物，为货物发出的当天，但生产销售工期超过12个月的大型机械设备、船舶、飞机等货物，为收到预收款或书面合同约定的收款日期的当天。

⑤ 委托其他纳税人代销货物，为收到代销企业的代销清单或者收到全部或者部分货款的当天；未收到代销清单及货款的，为发出代销货物满180天的当天。

⑥ 销售应税劳务，为提供劳务同时收讫销售款或者取得（索取）销售款项凭据的当天。

⑦ 纳税人发生视同销售货物行为（委托他人代销货物、销售代销货物除外），为货物移送的当天。

⑧ 纳税人进口货物，其纳税义务发生时间为报关进口的当天。

（2）纳税人销售服务、无形资产、不动产的纳税义务发生时间

① 销售服务、无形资产、不动产的增值税纳税义务发生时间通常为纳税人发生应税行为并收讫销售款项或者取得（索取）销售款项凭据的当天；先开具发票的，为开具发票的当天。

② 纳税人提供租赁服务采取预收款方式的，其纳税义务发生时间为收到预收款的当天。

③ 纳税人从事金融商品转让的，为金融商品所有权转移的当天。

④ 纳税人发生视同销售服务、无形资产或者不动产情形的，其纳税义务发生时间为销售服务、无形资产转让完成的当天或者不动产权属变更的当天。

显然，纳税人应税义务的发生时间与结算方式有着紧密的联系。纳税人合理选择结算方式，可以延期纳税。比如，对某些信誉不好的客户，发了货物而款难收的，不如作为委托代销商品处理，待收到货款时出具发票纳税；再比如，少采用托收承付和委托收款结算方式销售货物，一旦货款不能及时收回，就得垫付税款；还有，尽可能采用支票、银行本票和汇兑结算方式销售货物；在不能及时收到货款的情况下，采用赊销或分期收款结算方式，可以不必垫付税款。

春丽厂于8月30日向征锟公司销售纺织机，总价值800万元，合同规定采取直接收款方式，货物发出即付款。春丽厂开具增值税专用发票。

筹划分析：

在直接收款方式下，货物发出即收款，春丽厂在9月初申报增值税时，货款已收到，不必由于征锟公司货款未到而垫付税款104（800×13%）万元。

若春丽厂于8月30日向征锟公司销售纺织机，总价值800万元，合同规定以委托银行收款方式结算价税款。春丽厂发货后，到当地某银行办理了托收手续。10月16日，春丽厂收到征锟公司的货款。

筹划分析：

依据税法规定，采取托收承付和委托银行收款方式销售货物，其销售额的确认时间为发出货物并办妥托收手续的当天。因此，春丽厂8月30日在未收到货款的情况下，应当确认销项税104（800×13%）万元。由于货款在10月16日才收到，那么在9月申报税款时，春丽厂必须先垫付税款。到了10月16日，货款才收到，春丽厂垫付了税款一个多月，增加了资金成本。这对于资金比较紧张的企业而言，垫付税款是一种损失。因此，在销售结算时，应当慎重选择托收承付或委托银行收款结算方式。

3.3.2 不同的促销方式改变纳税

企业营销有各式各样的手段，这些手段会改变税收。企业为了维持或扩大自己所生产或销售商品的市场份额，都会采取多种多样的促销方式，以达到占领市场的目的。不同的促销方式就会有不同的增值税缴纳结果。一般有以下4种促销方式，如表3-1所示。

表3-1 四种不同的促销方式

促销方式	增值税缴纳结果
折扣销售	如果销售额和折扣额在同一张发票上分别注明，可按折扣后的余额作为销售额计算增值税；如果将折扣额另开发票，不论其在会计上如何处理，均不得从销售额中抵减折扣额销售
销售折扣	按规定销售折扣不得从销售额中抵减
销售折让	销售折让可以从货物或应税劳务的销售额中扣除，以其余额计缴增值税
馈赠促销	新货物的同期销售价格为销售额，不得扣减旧货物的收购价格

促销方式不同，往往适用不同的税收政策，也就存在着税收的差别。因此，我们可以对促销方式带来的税收进行筹划。

（1）折扣销售的纳税筹划

对于折扣销售的纳税筹划，主要考虑折扣部分的税收。企业在发生折扣销售时，当销售额和折扣额在同一张发票上并分别注明时，则折扣部分可以从销售额中扣除；若未将销售额和折扣额开具在同一张发票上，而是在事后开具红字增值税专用发票予以冲减，折扣部分也可以从销售额中扣除。

但是，如果将折扣额另开具一张发票，那么不论其在财务上如何处理，都不能从销售额中减除折扣额。假如，某企业对销售额开具一张销售发票，再对折扣额开具一张退款红字发票，就可能造成某企业按减除折扣额后的销售额计算销项税额，而其购货方却按未减除折扣额的销售额进行抵扣。

注意：这里的折扣销售仅限于货物价格的折扣。如果货物销售者将自产、委托加工或购买的货物用于实物折扣的，该实物货款不能从货物销售额中减除，而应按增值税视同销售货物中的"无偿赠送"另行计算缴纳增值税销项税额。

高英书店促销一批工具书籍，共80000本，每本50元（不含增值税）。高英书店计划采用实物折扣的方式，具体做法是每购买100本书另赠送5本书。请计算该书店应当缴纳的增值税并提出纳税筹划方案。

筹划分析：

若按照高英书店的原计划，即实物折扣的方式销售，那么高英书店的销售额为4000000（80000×50）元，应缴纳的销项税额为520000（80000×50×13%）元，将计入含税销售额向客户收取,但实物捐赠需要自己承担的销项税额为26000(80000÷100×5×50×13%)元。

那么,我们对该项业务进行纳税筹划,必须将这种实物折扣在开具发票时变成价格折扣,我们给出的建议是,将赠送的4000本书改为折扣销售,那么销售额价格总额应为4200000(4000000+4000×50)元,打折以后的价格为4000000元,将每笔折扣开具在同一张发票上。那么在向客户开具发票时,开具的总价款是4000000元,加上增值税额520000元。4000本的增值税额自己不必承担了。通过该项纳税筹划,税额减少26000元。

(2)销售折扣的纳税筹划

销售折扣是先销售后折扣,也就是我们通常所说的现金折扣。它是指销货方在销售货物或应税劳务后,为了鼓励购买方及早偿还货款,缩短企业的平均收账期,而协议许诺给予企业的一种折扣优惠,是对客户应收款项上的一种减免,是一种理财方式。正常的销售折扣方式,折扣额是不能从销售额中扣除的。

案例 8

素林厂促销一批滞销商品,总价为1000000元。合同约定付款期为30天。若客户15天内付款,可以享受5%的销售折扣,即50000元。企业采取的是销售折扣方式,按规定折扣额不能从销售额中扣除,那么,其增值税销项税额为130000(1000000×13%)元。

筹划分析:

第一种方案:设法将销售折扣变为折扣销售。素林厂在合同中约定给予客户5%折扣的同时,将付款期限约定为15天。素林厂在给客户开具增值税专用发票时,将销售额与折扣额开在同一张发票上,使企业按照折扣后的销售额计算销项增值税额。增值税销项税额为123500〔1000000×(1-5%)×13%〕元。相比之下,企业节省税收6500(130000-123500)元。

第二种方案:素林厂可以将合同金额从1000000元降为950000元。但在合同中明文约定,客户若超过15天未付款,则额外收取50000元违约金。这是个文字游戏,却有着异曲同工之效,素林厂的销售额没有受到丝毫影响。若客户在15天之内未能付款,企业可向对方收取50000元违约金,并以"全部价款+价外费用"1000000元计算增值税销项税额,也符合税法的要求。

（3）销售折让的纳税筹划

销售折让是指企业因售出商品质量不符合要求等原因而在售价上给予的减让。企业将商品销售给买方后，如买方发现商品在质量、规格等方面不符合要求，可能要求卖方在价格上给予一定的减让。销售折让如发生在确认销售收入之前，其纳税筹划比较简单，在确认销售收入时直接按扣除销售折让后的金额确认。已确认销售收入的售出商品发生销售折让时，其纳税筹划要办理一定的手续。销售折让从货物或应税劳务的销售额中扣除，以其余额计缴增值税的前提条件是：需由购货方向主管税务机关填报"开具红字增值税专用发票申请单"。所以在双方签订购销合同时，应注明："允许销售折让或退回的条件是：由购货方向其主管税务机关填报'开具红字增值税专用发票申请单'。"这样，就可以减轻税负了。

（4）馈赠等促销行为的纳税筹划

企业在促销时，往往会馈赠商品，特别是超市与商场，"买一送一"是常有的事。馈赠商品时，应作为视同销售，缴纳增值税。在对馈赠行为进行纳税筹划时，应当将馈赠商品与销售的商品合二为一进行处理，可以避免馈赠应承担的税收。若将馈赠与销售分开处理，势必造成馈赠商品缴税，增加了企业的税收负担。

案例 9

曼曼商场为增值税一般纳税人，决定在春节期间进行商品促销，商场经理拟订了三种促销方案：一是商品八折销售；二是购物满100元馈赠价值30元的商品；三是购物满100元，返还20元的现金。假定该商场商品毛利率为30%，销售额满100元的商品，其成本为70元，消费者同样购买100元的商品，曼曼商场选择哪一种方案最有利？

筹划分析：

第一种方案：商品八折销售时，价值100元的商品售价80元，成本70元。
应纳增值税额＝80÷（1+13%）×13%-70÷（1+13%）×13%≈1.15（元）

第二种方案：馈赠商品时，商品售价100元，成本70元；馈赠的商品视同销售，应计算其销项税额，进项税额可以抵扣。

商品应纳增值税额＝100÷（1+13%）×13%-70÷（1+13%）×13%≈3.45（元）

馈赠商品应纳增值税额＝30÷（1+13%）×13%-30×（1-30%）÷（1+13%）×13%≈1.04（元）

应纳增值税额＝3.45+1.04＝4.49（元）

第三种方案：返还现金时，购买价值100元的商品返还20元，成本70元。

应纳增值税额＝100÷（1+13%）×13%－70÷（1+13%）×13%≈3.45（元）

上述3种方案中，第一种方案最优，第三种方案次之，第二种方案效果最差。

当然，企业在选择方案时，除考虑增值税的税负外，还应考虑其他各税的负担情况。

3.3.3　运输形式变化产生不同税负

交通运输是企业购销过程中必不可少的内容，购进和销售都要将物资运送。于是企业就产生了运费，同时伴有税收的产生。增值税一般纳税人在支付运费时可取得增值税专用发票，然后抵扣进项税额；在收取运费时应开具增值税专用发票，然后缴纳增值税。当然，运输形式和支付方式发生变化时，企业纳税也会有相应的变化。所以，企业能合理组织运输，对运费进行纳税筹划，可以减轻税收负担。

在运输方式上，一般可分为自营运输和外购运输。自营运输，就是企业自备运输工具，其运输成本主要是运输工具耗用的油料、配件及正常修理费支出等项目。这些支出项目若能索取增值税专用发票，便可以抵扣13%的增值税。外购运输，就是企业没有自备运输工具，而是由运输公司提供服务。运输公司一般纳税人开具的运输专用发票按照税法规定，可以抵扣9%的增值税。那么，如何选择自营或外购，我们可以通过测算两种方式的增值税税负平衡点来作出判断。

自营运输要考虑自营成本在整个自营运输费用中的比重。显然，比重越高，税负越低，如图3-6所示。

也就是说，在自营方式下，当自营成本占运输费用的比重等于69.23%时，其与外购运输所承担的税额是一样的。自营成本占运输费用的比重越大，大于69.23%时，自营方式可以抵扣的增值税额越大，税额越少；自营成本占运输费用的比重越小，小于69.23%时，自营方式可以抵扣的增值税额较小，税额越大。

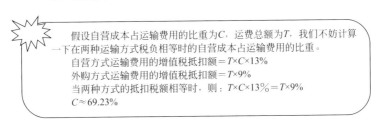

假设自营成本占运输费用的比重为C，运费总额为T，我们不妨计算一下在两种运输方式税负相等时的自营成本占运输费用的比重。

自营方式运输费用的增值税抵扣额＝$T×C×13\%$

外购方式运输费用的增值税抵扣额＝$T×9\%$

当两种方式的抵扣税额相等时，则：$T×C×13\%＝T×9\%$

$C≈69.23\%$

图3-6　自营成本在整个运输费用中的比重（计算公式）

案例 10

建军厂为生产型企业，增值税一般纳税人，每年要采购大量的原材料，采购费用也较高。企业资材部在2019年年底预测2020年采购原材料的运输费用为1000万元，若是采取自营方式，物料消耗为500万元；当然也可以与运输公司合作，由其提供运输劳务。从增值税税负这个角度考虑，建军厂应当选择哪种运输方式呢？

筹划分析：

若采取自营方式，先测算自营成本占运输费用的比重：$500 \div 1000 \times 100\% = 50\%$，显然小于69.23%，那么，应当选择外购运输方式，可以降低增值税税负。

值得注意的是：运输方在开具发票的时候要将运费与其他杂费分开，托运方按运费计算可以抵扣的金额。有些采购营销人员不懂税法规定，对方开票时没有留意，等到回来后才发现对方在摘要栏写了运杂费，发票不能抵扣，白白损失了一笔进项税。

3.4 增值税纳税优惠政策的纳税筹划

3.4.1 巧妙利用增值税起征点

国家对增值税推出了不少税收优惠政策，包括减免税、优惠税率、起征点、税额计算、出口退（免）税等。这些增值税优惠政策给企业带来了实惠，也给企业提供了纳税筹划的机会。纳税人若能认真学习，牢牢掌握，熟练运用，必定能减轻税负，提高企业效益。

《中华人民共和国增值税暂行条例实施细则》对个体工商户和其他个人有起征点的规定，当期（次）销售额达不到起征点的，不征增值税；超过起征点的，全额征税。增值税起征点仅适用于个体工商户和其他个人，但不适用于认定为一般纳税人的个体工商户，即：增值税起征点仅适用于按照小规模纳税人纳税的个体工商户和其他个人。

所以，个体工商户和其他个人可以充分利用这一规定，合理进行纳税筹划。当销售额接近起征点时，可以通过降低销售额的方式来避免缴纳增值税。增值税起征点是这么规定的：按期纳税的，为月销售额5000~20000元（含本数）；按次纳税的，为每次（日）销售额300~500元（含本数）。

风云咨询中心为个体工商户，2020年4～6月每月的咨询收入大致相同，分别为20100元、20500元和21050元（不含税价格）。当地税务部门规定增值税的起征点为20000元。从节税的角度出发，风云咨询中心应当如何筹划？

筹划分析：

若按照营业额的实际情况缴纳增值税，那么其应缴纳增值税额为（20100+20500+21050）×3%＝1849.5（元）。

从3个月的营业额来看，风云咨询中心的营业额比税务部门规定的起征点标准稍高了一点，若进行税务筹划，完全可以将营业额控制在20000元以内。如何筹划？

我们可以建议风云咨询中心将4～5月的营业额控制在20000元以内，这两月无须交税。将这两月多出来的营业额转移到6月，那么6月的营业额为21650（100+500+21050）元，超过了起征点，应缴纳增值税为21650×3%＝649.5元。相比未做税务筹划时的增值税额，节约了1200（1849.5-649.5）元。

3.4.2 灵活运用增值税减免政策

增值税减免政策，是国家充分运用税收职能，以调节产业结构、保护环境资源和平衡地区经济发展而采取的一种手段。作为企业，应当充分利用增值税的减免政策，既为企业节税，也能响应政策的意图，体现减免政策的宗旨。企业在投资方向、开发项目、经营决策和合作地区、用工对象等方面，要充分考虑增值税的优惠措施，提前做好纳税筹划，达到节税减税的目的，实现企业利润最大化。

例如，为鼓励创业创新，《财政部 税务总局 科技部 教育部关于科技企业孵化器 大学科技园和众创空间税收政策的通知》（财税〔2018〕120号）规定，自2019年1月1日至2021年12月31日，对国家级、省级科技企业孵化器、大学科技园和国家备案众创空间，向在孵对象提供孵化服务取得的收入，免征增值税。

适用该政策，需明确孵化服务和在孵对象两个概念。孵化服务指为在孵对象提供的经纪代理、经营租赁、研发和技术、信息技术、鉴证咨询服务。在孵对象是指符合认定和管理办法规定的孵化企业、创业团队和个人。国家级、省级科技企业孵化器、大学科技园和国家备案众创空间,享受孵化服务收入免征增值税政策,应当单独核算孵化服务收入。

再比如,根据《财政部 税务总局 退役军人部关于进一步扶持自主就业退役士兵创业就业有关税收政策的通知》(财税〔2019〕21号)的规定,企业招用自主就业退役士兵,与其签订1年以上期限劳动合同并依法缴纳社会保险费的,自签订劳动合同并缴纳社会保险当月起,在3年内按实际招用人数予以定额依次扣减增值税、城市维护建设税、教育费附加、地方教育附加和企业所得税优惠。定额标准为每人每年6000元,最高可上浮50%,各省、自治区、直辖市人民政府可根据本地区实际情况在此幅度内确定具体定额标准。

这样的减免政策还有,企业要充分运用,要善于运用,要在有利于企业的同时有利于税收政策。

案例 12

新月公司为增值税一般纳税人,2020年8月20日招用自主就业退役士兵2名,9月1日正式入职上班,新月公司与其签订3年期限劳动合同。2020年9月为其缴纳社会保险费。经计算,新月公司2020年增值税应纳税额25000元。两名自主就业退役士兵以前年度未享受过退役士兵创业就业税收优惠政策,同时符合《退役士兵安置条例》(国务院中央军委令第608号)的规定退出现役并按自主就业方式安置的退役士兵。新月公司2019年8月后当年未再招用自主就业退役士兵。

筹划分析:

根据财税〔2019〕21号文的规定,新月公司在2020年8月招用了2名自主就业退役士兵,签订了3年期限的劳动合同,9月为其缴纳社会保险费。那么,新月公司自2020年9月起至2023年8月止,可以按照36000(6000×3×2)元的定额3年内每年依次扣减增值税、城市维护建设税、教育费附加、地方教育附加和企业所得税。

2020年两位自主就业退役士兵在新月公司就业尚不满1年,按照文件规定应当按月换算减免税限额。则新月公司2020年核算减免税总额(上浮50%)为6000〔(4÷12×9000)×2〕元。

新月公司在2020年实际应缴纳增值税额为25000元,以核算减免税总额为限,则新月公司2020年可以减征增值税额为6000元,6月尚需缴纳增值税额19000(25000-6000)元。

3.5 经营活动中的增值税纳税筹划

3.5.1 供应商纳税人身份的选择

供应商若是增值税一般纳税人，便可以提供增值税专用发票，其进项税可以抵扣；供应商若是小规模纳税人，也可以提供税率较低的增值税专用发票，进项税也较低。通常一般纳税人的产品价格会高于小规模纳税人的产品价格。我们不妨设定一个差额率的指标X，具体计算如图3-7所示。

> X（差额率）=（一般纳税人含税单价A-小规模纳税人含税单价B）÷一般纳税人含税单价A
> 即：$X=(A-B)\div A$
> 我们要找到一个临界点，即两种纳税人身份的进项成本相等。假定一般纳税人增值税税率为13%，小规模纳税人增值税税率为3%（不考虑附加税费）即：
> $A\div 1.13=B\div 1.03$
> $B\div A\approx 91.15\%$
> 差额率$X=(A-B)\div A=1-B\div A=1-91.15\%=8.85\%$

图3-7 一般纳税人与小规模纳税人产品价格差额率（计算公式）

也就是说，当小规模纳税人给出的价格与一般纳税人相比差额率在8.85%以上时，便选择从小规模纳税人进货更为有利。反之，则选一般纳税人。

案例 13

奕菲公司将购进钢材100吨，有两个供应商供选择：玉敏公司为一般纳税人，每吨钢材3600元；龙跃公司为小规模纳税人，每吨钢材3200元。

筹划分析：

先计算两家企业的差额率：

$X=$（3600−3200）÷3600≈11.11%＞8.85%，所以应选择从小规模纳税人龙跃公司进货。

我们来验证一下。

若从一般纳税人玉敏公司购进钢材：

购进钢材总价=3600×100=360000（元）

进项税额=360000÷（1+13%）×13%≈41415.93（元）

不含税原材料成本=360000−41415.93=318584.07（元）

若从小规模纳税人龙跃公司购进钢材：

购进钢材总价＝3200×100＝320000（元）

进项税额＝320000÷（1+3%）×3%≈9320.39（元）

不含税原材料成本＝320000－9320.39＝310679.61（元）

显然，选择从小规模纳税人龙跃公司进货，可节约增值税7904.46(318584.07－310679.61）元。

3.5.2 包装物的纳税筹划

税法对包装物有着特殊的规定。根据企业的正常做法，包装物在产品销售活动中，有3种处理方式：一是作价随同产品一起销售；二是出租给购买方使用并收取租金；三是出借给购买方使用并收取押金。处理方式不同，企业的增值税也不同。所以，企业在销售产品时，要选择合适的包装物处理方式，来降低企业的税额。

若包装物作价随同产品一起销售，那么包装物收入必须要缴纳增值税，且税率与产品税率相同；若纳税人销售货物时出租或出借包装物所收取的押金，单独计价核算的，不并入销售额征税。但纳税人收取的包装物押金逾期仍未退还的，或销售酒类产品（啤酒、黄酒除外）出租或出借包装物收取的押金，应按规定征收增值税。对增值税一般纳税人向购买方收取的逾期包装物押金，应视为含税收入，在征税时换算成不含税收入并计入销售额而征收增值税。

竞莹饮料厂为增值税一般纳税人，2020年5月销售饮料5000箱，每件50元。饮料包装盒的价值为6元/件，以上价格均为含税价格。假设包装盒购进价为3元/件，饮料的增值税税率为13%，请对竞莹饮料厂的包装物进行纳税筹划。

筹划分析：

第一种方案：包装物作价随同饮料一起销售。那么，包装物的经营成果计算如下：

包装物产生的销售收入＝5000×6÷（1+13%）≈26548.67（元）

包装物的销售成本＝5000×3＝15000（元）

包装物产生的增值税销项税额＝5000×6－26548.67＝3451.33（元）

包装物产生的利润＝26548.67－15000－3451.33＝8097.34（元）

第二种方案：收取包装物押金每件6元，并于一年内收回。那么，包装物的经营成果计算如下。

这种情况下，包装物押金收回，并没有产生销售收入，也没有销项税额。

包装物的销售成本＝5000×3＝15000（元）

包装物未形成销售，在周转几次后，便报废了。包装物产生了亏损15000元。

显然与第一种方案相比，企业利润减少了。

第三种方案：收取包装物押金每件6元，且一年后未能收回。根据协议，企业将押金转为销售。那么，包装物的经营成果计算如下。

包装物产生的销售收入＝5000×6÷（1＋13%）≈26548.67（元）

包装物的销售成本＝5000×3＝15000（元）

补缴包装物的增值税销项税额＝5000×6－26548.67＝3451.33（元）

包装物产生的利润＝26548.67－15000－3451.33＝8097.34（元）

与第一种方案相比，包装物产生的利润也是8097.34元。但是，包装物的销售收入是一年前收到的，而增值税却是在一年以后补缴的。延缓了纳税时间，对企业来说就相当于获取了货币的时间价值，为企业的生产经营提供了便利。

所以，包装物纳税筹划的重点是如何将包装物从出租、出借转变为销售，通过对合同的条款加以约定来解决这个问题，便能够为企业赢得货币的时间价值。

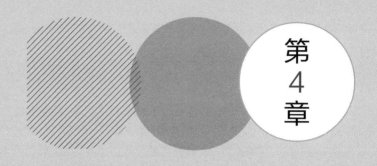

第 4 章

消费税
——纳税筹划以小见大

消费税是国家为了调整消费税征纳双方的权利与义务而在对货物普遍征收增值税的基础上,对部分消费品所征收的一项价内税。作为价内税,消费税直接影响着企业的经济利益。作为消费税纳税人,如何在法律允许的范围内,科学有效地筹划其应缴纳的消费税,实现最大的财务利益,已成为纳税人比较关注的问题。

4.1 消费税纳税人身份的纳税筹划

4.1.1 消费税纳税人的法律界定

消费税是国家为了调整消费税征纳双方的权利与义务而在对货物普遍征收增值税的基础上,对部分消费品所征收的一道价内税,形成双层调节模式。其纳税义务人是在我国境内生产、委托加工、进口应税消费品的企业和个人。

根据《中华人民共和国消费税暂行条例》(2008修订)的规定,目前消费税共有15个税目,主要是高档奢侈品、稀有资源、有害消费品等。征收范围主要包括烟、酒、鞭炮和焰火、高档化妆品、成品油、贵重首饰及珠宝玉石、高尔夫球及球具、高档手表、游艇、木制一次性筷子、实木地板、摩托车、小汽车、电池、涂料等税目。一些税目还可以划分若干子目。

消费税的纳税人有以下4种类型。

① 生产应税消费品的企业和个人,以生产并销售应税消费品的企业和个人为纳税人。

② 委托加工应税消费品的企业和个人,以受托企业和个人为代扣代缴义务人。

③ 自产自用应税消费品的企业和个人,以生产并自用应税消费品的企业和个人为纳税人。

④ 进口应税消费品的企业和个人,以进口应税消费品的报关企业和个人为纳税人。

4.1.2 投资应纳消费税项目的纳税筹划

消费税的15个税目,主要是高档奢侈品、稀有资源、有害消费品等。那么,企业或个人在投资项目时,可以综合考虑,是否决定投资应纳消费税的产品。如果投资了应税消费品,势必承担消费税。所以,在有两种以上可行性投资方案的情况下,可以慎重选择,权衡利益,最终取税负低、利润高的投资方案更合适。

案例 1

武庭资产管理公司为一般纳税人,最近准备做一项投资,具体投资项目尚未确定。根据武庭公司现在的资源,初步计划是两种方案,一是投资白酒,二是投资果汁。根据相关科研资料显示,两种投资方案的基本情况比较接近:

第一种方案:投资白酒项目,投资额3000万元,年销售额不含税500万元,增值税税率为13%;

第二种方案:投资果汁项目,投资额3000万元,年销售额不含税500万元,增值税税率为13%。

请从消费税角度分析(不考虑其他因素),武庭资产管理公司应投资哪个项目?

筹划分析:

第一种方案:投资白酒项目。粮食白酒的消费税税率为20%。那么武庭公司应承担的税收情况如下。

武庭公司应缴纳的增值税额=500×13%=65(万元)

武庭公司应缴纳的消费税额=500×20%=100(万元)

武庭公司应缴纳的城市维护建设税及教育费附加总额=(65+100)×(7%+3%)=16.5(万元)

武庭公司共承担各项税收=65+100+16.5=181.5(万元)

第二种方案:投资果汁项目。果汁项目不需要缴纳消费税。那么武庭公司应承担的税收情况如下。

武庭公司应缴纳的增值税额=500×13%=65(万元)

武庭公司应缴纳的消费税额=500×0%=0(万元)

武庭公司应缴纳的城市维护建设税及教育费附加总额=65×(7%+3%)=6.5(万元)

武庭公司共承担各项税收=65+0+6.5=71.5(万元)

显然,选择投资果汁更合适,税负低,利润高。

4.1.3 通过企业合并或兼并方式递延纳税

通过企业合并,可以改变本来的购销环节为深度加工。由于消费税是针对特定的纳税人和特定的环节进行征税,因而通过企业合并,没有了购销环节,便省去了消费税。通过企业合并,可以实现两个目的:一是合并会使原来企业间的购销环节转变为企业内部的原材料继续加工环节,从而递延部分消费税税款。二是如果后一环节的消费税税率较前一环节的低,则可直接减轻企业的消费税税负。这是因为前一环节应该征收的税款延迟到后面环节再征收,如果后面环节税率较低,则合并前企业间的销售额,在合并后适用了较低的税率而减轻税负。

企业合并前后的关系如图4-1所示。

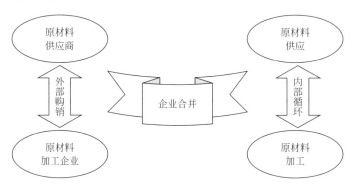

图4-1　企业合并前后的关系

当两个企业没有合并时,存在着供应商与客户的购销关系,那么应该按照正常的购销价格缴纳消费税。当两个企业合并之后,两个企业不再是供应商与客户的关系了,之前的购销关系转变为企业内部的物料循环。这一环节无须缴纳消费税,而是递延到销售环节再征收。

正兵公司是生产药酒的企业,每年都会委托朝军酒厂为其加工白酒。2020年3月,正兵公司委托朝军酒厂为其加工白酒10吨,正兵公司提供粮食,粮食成本800000元,支付加工费80000元,增值税11400元,用银行存款支付。朝军酒厂只为正兵公司提供白酒加工,不为其他企业提供类似服务。正兵公司用收到的白酒生产了药酒150吨,每吨不含税售价20000元,当月全部销售。如何进行税务筹划,才能降低消费税的税负呢?

筹划分析:

在委托加工的情况下,正兵公司的利润核算如下。

朝军酒厂作为受托方应代收代缴的消费税=(800000+80000)÷(1−20%)×20%+10×2000×0.5=230000(元)

由于委托加工已税白酒不得予以抵扣，正兵公司作为委托方支付的230000元消费税将计入原材料的成本。

销售药酒应纳消费税＝150×20000×10%＝300000（元）

相应地，应纳城市维护建设税及教育费附加＝300000×（7%＋3%）＝30000（元）

正兵公司的利润（不考虑其他费用）

＝销售收入－销售成本－销售税金

＝150×20000－（800000＋80000＋230000）－（300000＋30000）

＝3000000－1110000－330000

＝1560000（元）

进行税务筹划时，可以改变方案，正兵公司与朝军酒厂（或白酒加工车间）吸收合并，那么正兵公司委托加工环节支付给朝军酒厂代收代缴的消费税230000元无须缴纳，相对应的城市维护建设税和教育费附加也无须缴纳，则可以转化为正兵公司的利润。

4.2 在消费税计税依据上筹划纳税

4.2.1 设立销售公司可以减轻税负

我国现行的消费税计税办法分为3种类型，即从价计征、从量计征和复合计征。计税方法不同，计税依据也不同。在进行消费税筹划时，计税依据是筹划的一个重点，可以从以下方面筹划应对。

消费税是针对某个单一环节进行征税的。我国消费税的纳税环节确定在生产环节（金银首饰除外），具有较大的隐蔽性，容易被消费者所接受，可减少消费税对社会的影响。同时，为了避免重复征税，在应税消费品脱离生产环节进入流通领域后，就不再征收，具有征收环节单一性的特点。

但消费品的流通除了生产环节，还有订单销售、批发销售和零售等流转环节。企业在这些环节上作出慎重选择，便为消费税的纳税筹划提供了可能。正常情况下，企业都设有专门的销售部门，若从纳税筹划角度考虑，便可以采取分设独立核算的经销部、销售公司的办法，通过降低生产环节的销售价格向销售公司供货，销售公司再以正常价格对外销售。由于消费税主要在产制环节缴纳，企业的消费税会因此减轻。

2020年12月孙玲化妆品厂对外销售化妆品的销售额为1500万元（不含增值税），化妆品的消费税税率为15%，孙玲化妆品厂认为税负较重，欲对消费税进行筹划，以减轻税负。

筹划分析：

孙玲化妆品厂直接对外销售时，其2020年12月的应纳消费税为225（1500×15%）万元。

消费税占了营业额的15%，再扣除成本和费用，化妆品的利润就不多了。那么，我们不妨来筹划为孙玲化妆品厂设立销售公司，再看看结果如何。

设立了独立核算的销售公司后，孙玲化妆品厂生产的化妆品以1000万元的不含税价格售给独立核算的销售公司，销售公司再以1500万元的不含税价格对外销售。那么，孙玲化妆品厂在2020年12月的应纳消费税为150（1000×15%）万元。

独立核算的销售公司属于流通领域，没有生产环节，因而无须缴纳消费税。所以，孙玲化妆品厂及其销售公司的总消费税额就是150万元，相比于销售部门未独立核算来说，消费税节省了75（225-150）万元。当然，城市维护建设税和教育费附加也节约了7.5［75×（7%+3%）］万元。

4.2.2　筹划兼营销售可以节约纳税

企业兼营多种项目是常有的事，有的是业务自身的需要，有的是企业发展的需要。但兼营的项目并非都要缴纳消费税，如果将项目混为一谈，可能要多缴纳消费税。对于兼营销售的纳税筹划包括两种，具体如图4-2所示。

图4-2　兼营销售两种纳税的筹划

（1）兼营非应征消费税货物的纳税筹划

企业经营应征消费税货物的同时，兼营非应征消费税货物，就应当区别对待，分别核算不同货物的销售额、销售数量。若未分别核算，则非应征消费税货物须一并计入销售额缴纳消费税。

案例 4

李珍珠宝店一直从事首饰零售，营业员在销售首饰时，将顾客挑好的首饰装进包装盒，再放进包装袋，交给顾客。2020年11月销售额302万元（不含增值税），其中首饰销售额300万元，包装袋2万元。请对李珍珠宝店进行消费税筹划。

筹划分析：

首先，对李珍珠宝店的现状进行消费税测算。

首饰是从价定率计税，消费税税率为5%，2020年11月，李珍珠宝店销售首饰共计302万元，其消费税为15.1（302×5%）万元。

其次，对李珍珠宝店提出管理建议，将首饰和包装物分开销售、分开处理、分开核算。即顾客在挑选了一款项链后，确定了价格。然后到另一个包装专柜（最好不在同一店），由顾客挑选包装盒、包装袋，并确定包装物价格。然后再将首饰包装好递交给顾客，并分别开具首饰的发票和包装物的发票（也可以分开项目开具在同一张发票上）。这时，首饰和包装物可以分开核算，包装物无须缴纳消费税，李珍珠宝店只须缴纳首饰的消费税，消费税为15（300×5%）万元。

两个方案相比，节约了0.1（15.1-15）万元消费税。相应地，城市维护建设税和教育费附加也会减少。

（2）兼营多种不同税率应税消费品的纳税筹划

若纳税人兼营多种不同税率应税消费品，那么应分别核算不同应税消费品的销售额、销售数量。如果没有分别核算，一律从高适用税率。为了减轻税负，企业应将不同税负的产品区别对待，分别核算不同产品的销售额和销售数量，便可以避免从高税率征收消费税带来的高税负。

第4章 消费税——纳税筹划以小见大

尊玲酒业公司兼营白酒和其他酒。2020年10月,尊玲酒业公司销售粮食白酒1000吨,收入1500万元;销售其他酒500吨,收入120万元。粮食白酒的消费税是在缴纳20%从价计税的基础上再缴纳每斤0.5元的从量计税,其他酒则按照销售价格的10%缴纳消费税。

筹划分析:

如果没有将白酒和其他酒分别核算,则消费税应从高适用税率,尊玲酒业公司2020年10月的消费税计算如下。

应缴纳消费税=(15000000+1200000)×20%+(1000+500)×1000×2×0.5=4740000(元)

如果将白酒和其他酒分别核算,则消费税应分别适用税率,尊玲酒业公司2020年10月的消费税计算如下。

应缴纳消费税=15000000×20%+1000×1000×2×0.5+1200000×10%=4120000(元)

显然,通过分开核算,尊玲酒业公司节约消费税620000(4740000-4120000)元。

另外,对于应税消费品捆绑式销售应予区别。不少企业在促销时喜欢采用捆绑式,即多个商品组合销售,或"买一送一"等。这是企业营销拓展市场的手段,对销售商品有一定的作用,但未必与税法相吻合。若与税法不相吻合时,可能增加企业税负。税法规定,纳税人将不同税率的应税消费品组成成套消费品销售时,从高适用税率。

秀明化妆品公司生产并销售系列化妆品和护肤护发品,高档化妆品出厂价分别为:口红40元、眼影60元、指甲油50元、胭脂120元;护肤护发品出厂价分别为:浴液35元、洗发水30元、花露水30元。

筹划分析:

高档化妆品是要征收消费税的。而浴液、洗发水、花露水等护肤护发品为人民群众的生活必需品,不属于消费税的征税税目。秀明公司生产的化妆品适用15%的消费税税率，护肤护发品不征收消费税。如果以上产品分大类销售，假设每件商品销售100件，则秀明公司应缴纳消费税计算如下。

应缴纳消费税＝（40+60+50+120）×100×15%＝4050（元）

若秀明公司为了促销，将上述化妆品和护肤护发品捆绑销售，每种商品捆绑一件。假定秀明公司销售了100套产品，则秀明公司需缴纳的消费税计算如下。

应缴纳消费税＝（40+60+50+120+35+30+30）×100×15%＝5475（元）

由此可见，捆绑式销售增加了消费税1425（5475－4050）元。

4.3 在消费税税率上筹划纳税

4.3.1 差别税率的纳税筹划空间

《中华人民共和国消费税暂行条例》所附的《消费税税目税率表》规定了消费税的税率，每种应税消费品所适用的税率都有明确的界定，并且是固定的。消费税按不同的消费品划分税目，税率在税目的基础上，采用"一目一率"的方法。每种应税消费品的消费税税率各不相同，彼此间有一定的差别，这种差别为我们从事纳税筹划提供了条件。

消费税的税率分为比例税率、定额税率和复合税率。

对消费税的税率进行筹划，就是根据税法的相关规定，对不同征税等级的应消费品进行定价筹划。不同应税消费品的征税等级，有着不同的消费税税率。征税等级的税法确定标准是企业定价，即：等级越高，企业定价越高，税率越高。企业在掌握征税等级后，可以根据应税消费品的市场价位，以及税负高低，去制定价格，以谋求利益最大化。

比如卷烟的比例税率为：每标准条（200支，下同）不含税调拨价格在70元以上（含70元，下同）的税率为56%，每标准条不含税调拨价格不足70元的税率为36%。

按照税收政策的规定，卷烟消费税采取了复合计税的办法，即先从量，每大箱征收150元；再从价，对单条（200支，下同）调拨价为70元以上（含70元，不含增值税）的按56%的税率征收，对单条调拨价为70元以下的按36%的税率征收。因此，企业如何定价对企业税负及利润的影响非常关键。

根据税法，从价定率征收消费税有个临界点，即单条调拨价在70元时税率发生变化，消费税税率由36%上升到56%，税负必然加重。而企业的财务目标为追求企业税后利润最大化，因此应根据税收政策的变化，筹划产品的价格定位。

设临界点的价格为X，数量1条，则：

应纳消费税＝$X×56\%$+从量税

应纳增值税＝$X×13\%$－进项税额

应纳城市维护建设税及教育费附加＝[$X×56\%$+从量税+($X×13\%$－进项税额)]×（7%+3%）

应纳所得税＝{X－成本－$X×56\%$－从量税－[$X×56\%$+从量税+($X×13\%$－进项税额)]×（7%+3%）}×所得税税率

当每条销售价格为X时的税后利润，如图4-3所示。

```
公式一：{X-成本-X×56%-从量税-[X×56%+从量税+(X×13%-进项税额)]×
       (7%+3%)} ×(1-所得税税率)
```

图4-3　销售价格税后利润计算公式

当每吨销售价格等于69.99元时的税后利润，如图4-4所示。

```
公式二：{69.99-成本-69.99×36%-从量税-[69.99×36%+从量税+(69.99×13%-
       进项税额)]×(7%+3%)} ×(1-所得税税率)
```

图4-4　销售价格税后利润计算公式（示例）

当公式一等于公式二时，X为111.49元。

即：当临界点的价格为111.49元时，二者的税后利润相同；当销售价格＞111.49元时，纳税人才能获得节税利益；当销售价格＜111.49元时，纳税人取得的税后利润反而低于每吨价格为69.99元时的税后利润。

再比如每吨啤酒不含税出厂价格（含包装物及包装物押金）在3000元以上（含3000元，下同）的，企业税额为每吨250元；每吨啤酒不含税出厂价格在3000元以下的，企业税额为每吨220元。

合理的销售价格即是通过无差别价格临界点（每吨价格高于3000元时的税后利润与每吨价格等于2999.99元时的税后利润相等时的价格）进行判别。纳税人通过制定合理的价格，适用较低的税率，达到减轻税负的目的。

设临界点的价格X（X高于3000元，故适用250元的税率），销售数量为Y，即：

应纳消费税＝$250×Y$

应纳增值税＝$XY×13\%$－进项税额

应纳城市维护建设税及教育费附加＝［$250×Y+(XY×13\%$－进项税额)］×（7%+3%）

应纳所得税＝{XY－成本－$250×Y$－［$250×Y+(XY×13\%$－进项税额)］×（7%+3%）}×所得税税率

当每吨销售价格为 X 时的税后利润，如图4-5所示。

> 公式一：{XY－成本－$250×Y$－[$250×Y+(XY×13\%$－进项税额)]×(7%+3%)}×(1－所得税税率)

图4-5 销售价格税后利润计算公式

当每吨销售价格等于2999.99元时的税后利润，如图4-6所示。

> 公式二：{$2999.99Y$－成本－$220×Y$－[$220×Y+(2999.99Y×13\%$－进项税额)]×(7%+3%)}×(1－所得税税率)

图4-6 销售价格税后利润计算公式（示例）

当公式一等于公式二时，X 为3033.43元。

即：当临界点的价格为3033.43元时，二者的税后利润相同；当销售价格＞3033.43元时，纳税人才能获得节税利益；当销售价格＜3033.43元时，纳税人取得的税后利润反而低于每吨价格为2999.99元时的税后利润。

4.3.2 适用税率的纳税筹划空间

我们知道，消费税的税率具有多档次的特点。这一特点为我们进行纳税筹划提供了空间。根据消费税的计税方法，可以通过必要的合并或分别核算，来达到节税的目的。

当一家企业在经营不同税率的应税消费品时，企业就应当考虑选择有所区别的销售方式和核算方式，以便于适用不同的消费税税率。在这种情况下，企业采取分别核算不同税率的应税消费品的销售额、销售数量、销售单价，就避免了从高适用税率的高税负风险。税法明确规定，未分别核算销售额、销售数量，或者将不同税率的应税消费品组成成套消费品出售的，应从高适用税率。根据这个规定，企业应采取两种策略：一是企业同时经营两种以上税率的应税消费品行为，分别核算;二是企业将两种不同税率的应税消费品组成套装销售,尽量采取先销售、后包装的形式。

案例 7

钰媛酒厂既生产税率为20%的粮食白酒,又生产税率为10%的药酒,还生产上述两类酒的小瓶装礼品套装。2020年9月,钰媛酒厂对外销售5000瓶粮食白酒,单价每瓶35元;对外销售6000瓶药酒,单价每瓶65元;对外销售1000套套装酒,单价每套300元,其中白酒5瓶,药酒5瓶。请给出消费税的筹划建议。

筹划分析:

钰媛酒厂若实行一揽子核算,即不分别对待,那么其应缴纳的消费税为:
(5000×35+6000×65+1000×300)×20%=173000(元)

若采取先销售后包装的形式,那么可以对三类酒分别开票,分别计算销售数量和销售额,然后再对套装酒组合包装,那么其应缴纳的消费税也将分别计算。

粮食白酒的消费税=5000×35×20%=35000(元)

药酒的消费税=6000×65×10%=39000(元)

套装酒中白酒5瓶,药酒5瓶,每套300元,可以分别给粮食白酒定价每瓶20元,药酒每瓶40元,那么套装酒的消费税须分别核算。

套装酒中粮食白酒的消费税=1000×5×20×20%=20000(元)

套装酒中药酒的消费税=1000×5×40×10%=20000(元)

套装酒的消费税=20000+20000=40000(元)

分别核算后的钰媛酒厂的消费税=35000+39000+40000=114000(元)

通过分别核算,钰媛酒厂节约消费税59000(173000-114000)元。

4.4 对出口应税消费品筹划纳税

4.4.1 出口货物退关或退货的纳税筹划

根据《中华人民共和国消费税暂行条例实施细则》第二十二条的规定,出口的应税消费品办理退税后,发生退关,或者国外退货进口时予以免税的,报关出口企业必须及时向其机构所在地或者居住地主管税务机关申报补缴已退的消费税税款。纳税人直接出口的应税消费品办理免税后，发生退关或者国外退货，进口时已予以免税的，经机构所在地或者居住地主管税务机关批准，可暂不办理补税，待其转为国内销售时，再申报补缴消费税。因此，在发生出口货物退关或者退货时，适当调节办理补税的时间，可以在一定时期占用消费税税款，相当于获得了一笔无息贷款。

案例 8

2021年3月，子瑞公司一批出口应税消费品办理免税手续后发生退货，该批货物的总价值为100万元，消费税税率为20%。假设三个月的市场利率为6%。

筹划分析：

子瑞公司现有两种方案可供选择：一是2021年3月退货时申报补缴消费税；二是2021年6月转为国内销售时补缴消费税。

第一种方案：子瑞公司的应纳消费税及其附加＝100×20%×（1+7%+3%）＝22（万元）；

第二种方案：子瑞公司的应纳消费税及其附加＝100×20%×（1+7%+3%）＝22（万元）。

看起来，两种方案的消费税并无区别，但第二种方案获得了1.32（22×6%）万元延期纳税的利息收益。

4.4.2 出口应税消费品外汇结算折合率

出口应税消费品在外汇结算时选择合适折合率进行纳税筹划。根据《中华人民共和国消费税暂行条例》第五条的规定，纳税人销售的应税消费品，以人民币计算销售额。纳税人以人民币以外的货币结算销售额的，应当折合人民币计算。根据《中华人民共和国消费税暂行条例实施细则》第十一条的规定，纳税人销售的应税消费品，以人民币以外的货币结算销售额的，其销售额的人民币折合率可以选择销售额发生的当天或者当月1日的人民币汇率中间价。纳税人应在事先确定采用何种折合率，确定后一年内不得变更。

既然税法规定了人民币折合率的时间，这就为纳税筹划提供了条件。一般地，当天的国家外汇牌价与当月初的国家外汇牌价都会有差别。外汇市场波动越大，通过选择折合率进行纳税筹划的必要性越大。当然，以较低的人民币汇率计算销售额，销售额便会变小，应纳税额也会变小。

当然，人民币折合率的时间并非那么随便。税法规定，汇率的折算方法一经确定，一年内不得随意变动。这个要求对纳税筹划方法的效果会产生很大影响。所以，在选择汇率折算方法时，需要纳税人对未来的经济形势及汇率走势作出恰当的判断。

处新公司某年4月15日取得100万美元销售额，4月1日的国家外汇牌价为1美元：7.29元人民币，结算时4月15日的外汇牌价为1美元：7.01元人民币。预计未来较长一段时间，美元将持续贬值。企业有两种方案可供选择：一是按照每月第一日的外汇牌价来计算销售额；二是按照结算当时的外汇牌价来计算销售额。从纳税筹划的角度出发，该企业应当选择哪种方案？

筹划分析：

第一种方案：处新公司的纳税情况如下：美元销售额为100万元，外汇牌价为1：7.29，人民币销售额为729（100×7.29）万元；

第二种方案：处新公司的纳税情况如下：美元销售额为100万元，外汇牌价为1：7.01，人民币销售额为701（100×7.01）万元。

第一种方案比第二种方案多计销售额28（729-701）万元，消费税也会相应地增加。因此，处新公司应当选择第二种方案。

4.5 根据其他不同情况筹划纳税

4.5.1 筹划自行加工与委托加工的纳税

纳税人生产的应税消费品，于纳税人销售时纳税。纳税人自产自用的应税消费品，用于连续生产应税消费品的，不纳税；用于其他方面的，于移送使用时纳税。

委托加工的应税消费品，除受托方为个人外，由受托方在向委托方交货时代收代缴税款。委托加工的应税消费品，委托方用于连续生产应税消费品的，所纳税款准予按规定抵扣。

委托加工的应税消费品与自行加工的应税消费品的税基是不同的。委托加工时，受托方（个体经营者除外）代收代缴税款，税基为组成计税价格或同类产品销售价格；自行加工时，计税的税基为产品销售价格。在一般情况下，委托方收回委托加工的应税消费品后，要以高于成本的价格售出以求盈利。

不论委托加工费大于或小于自行加工成本，只要收回的应税消费品的计税价格低于收回后的直接出售价格，委托加工应税消费品的税负就会低于自行加工的税负。对委托方来说，其产品对外售价高于收回委托加工应税消费品的计税价格部分，实际上并未纳税。也就是说，一般情况下，销售价格远远大于组成计税价格，选择委托加工方式相对节约消费税。

而且，消费税是价内税，企业在计算应纳税所得额时，消费税可以作为扣除项目，可以影响到所得税，进而影响到企业的税后利润和所有者权益。

案例 10

2020年1月10日，志宏公司接到一笔生产500吨白酒的业务合同，议定销售价格1000万元，要求在2020年3月10日前交货。由于交货时间比较紧迫，公司有4种生产方案：

方案一：委托庆敏公司加工成酒精，然后由本公司生产成白酒销售。假定志宏公司以价值为250万元的原料委托庆敏公司加工成酒精，双方协议加工费为150万元，加工成300吨酒精运回公司，再由本公司加工成500吨本品牌的白酒销售，每吨售价2万元，公司加工的成本以及应该分摊的相关费用合计为70万元。

方案二：委托庆敏公司加工成高纯度白酒，然后由本公司生产成本品牌白酒销售。志宏公司以价值为250万元的原料委托庆敏公司加工成高纯度白酒，双方协议加工费为180万元，加工成400吨高纯度白酒运回公司，再由本公司加工成500吨本品牌的白酒销售，每吨售价2万元，公司加工的成本以及应该分摊的相关费用合计为40万元。

方案三：委托庆敏公司直接加工成定型产品，收回后直接销售。志宏公司将酿酒原料交给庆敏公司，由庆敏公司完成所有的制作程序，加工成本品牌白酒，协议加工费为220万元。产品运回后仍以原价直接销售。

方案四：由公司自己完成该品牌的白酒的生产制作过程，其发生的生产成本恰好等于委托庆敏公司的加工费，即为220万元。

请对此业务进行纳税筹划。（企业所得税税率变为25%，委托方无同类产品销售价格。）

筹划分析：

方案一：委托庆敏公司加工成酒精，然后由本公司生产成白酒销售。

假定志宏公司以价值为250万元的原料委托庆敏公司加工成酒精，双方协议加工费为150万元，加工成300吨酒精运回志宏公司，再由志宏公司加工成500吨本品牌白酒销售，每吨售价2万元，公司加工的成本以及应该分摊的相关费用合计为70万元。

志宏公司在向庆敏公司支付酒精加工费的同时，无须向受托方支付由其代收代缴的消费税。

志宏公司销售白酒后，应缴纳消费税为：

$$1000×20\%+500×1000×2×0.5÷10000=250（万元）$$

在委托加工酒精方式下，公司缴纳消费税250万元，志宏公司取得所得税后的利润为：

$$(1000-250-150-70-250)×(1-25\%)=210（万元）$$

方案二：委托庆敏公司加工成高纯度白酒，然后由本公司生产成白酒销售。

志宏公司以价值为250万元的原料委托庆敏公司加工成高纯度白酒，双方协议加工费为180万元，加工成400吨高纯度白酒运回本公司后，再由本公司加工成500吨本品牌的白酒销售，每吨售价2万元，公司加工的成本以及应该分摊的相关费用合计为40万元。

志宏公司在向庆敏公司支付加工费的同时，向受托方支付由其代收代缴的消费税。

消费税组成计税价格＝[250+180+（400×1000×2×0.5÷10000）]÷（1－20%）＝587.5（万元）

应向庆敏公司支付的消费税＝587.5×20%+400×1000×2×0.5÷10000＝157.5（万元）

志宏公司销售白酒后，应缴纳消费税为：

$$1000×20\%+500×1000×2×0.5÷10000=250（万元）$$

在委托加工高纯度白酒方式下，应支付代收代缴消费税157.5万元，公司缴纳消费税250万元，志宏公司取得所得税后的利润为：

$$(1000-250-180-40-157.5-250)×(1-25\%)≈91.88（万元）$$

方案三：委托庆敏公司直接加工成定型产品，收回后直接销售。

志宏公司将酿酒原料交给庆敏公司，由庆敏公司完成所有的制作程序，即志宏公司从庆敏公司收回的产品就是指定的本品牌白酒，协议加工费为220万元。产品运回后仍以原价直接销售。

当志宏公司收回委托加工产品时，向庆敏公司支付加工费，同时支付由其代收代缴的消费税。

消费税组成计税价格＝（250+220+500×1000×2×0.5÷10000）÷（1－20%）
　　　　　　　　　＝650（万元）

应向庆敏公司支付的消费税＝650×20%+500×1000×2×0.5÷10000
　　　　　　　　　　　　＝180（万元）

在全部委外加工方式下，志宏公司收回后直接销售时，本公司不缴纳消费税，只需支付代收代缴消费税为180万元，志宏公司取得所得税后的利润为：

（1000－250－220－180）×（1－25%）＝262.5（万元）

方案四：由志宏公司自己完成该品牌的白酒的生产制作过程。

即不再委托庆敏公司加工，由志宏公司自己完成本品牌白酒的生产制作过程。

由志宏公司自己生产该酒，其发生的生产成本恰好等于委托庆敏公司的加工费，即为220万元。志宏公司应缴纳消费税为：

1000×20%+500×1000×2×0.5÷10000＝250（万元）

在自产自销方式下，应缴纳消费税为250万元，公司取得所得税后的利润为：

（1000－250－220－250）×（1－25%）＝210（万元）

我们将4种方案进行比较，看哪种方案效益最大，如表4-1所示。

表4-1　4种方案消费税及税后利润比较表　　　　　单位：万元

筹划方案	代收代缴消费税	本企业缴纳消费税	消费税合计	税后利润
方案一		250.00	250.00	210.00
方案二	157.50	250.00	407.50	91.88
方案三	180.00		180.00	262.50
方案四		250.00	250.00	210.00

可见，效益最大化的方案是方案三，即委托庆敏公司直接加工成定型产品收回后直接销售。

4.5.2　筹划已纳税额扣除的纳税

用外购已纳消费税的消费品继续加工生产应税消费品的，在计算征收消费税时，准予按当期生产领用数量扣除外购应税消费品已缴纳的消费税税款。委托加工应税消费品收回后，用于连续生产应税消费品的，其已纳税款准予从生产的应税消费品应纳消费税额中扣除。

值得注意的是，国家对扣除范围是有明确界定的，扣除范围包括：外购已税烟丝生产的卷烟；外购已税化妆品生产的化妆品；外购已税护肤护发品生产的护肤护发品；外购已税珠宝玉石生产的贵重首饰及珠宝玉石；外购已税鞭炮、焰火生产的鞭炮、焰火；外购已税汽车轮胎（内胎和外胎）生产的汽车轮胎；外购已税摩托车生产的摩托车（如外购两轮摩托车改装三轮摩托车）。而外购或委托加工收回的卷烟、白酒、小汽车等已纳税额，不在扣除范围之内。

细读税法规定，有一个细节不容忽视，即外购应税消费品时要选择生产厂家，而非商家。允许扣除已纳消费税的外购消费品，仅限于直接从生产企业购进的，却不包括从商品流通企业购进的应税消费品。当然，商家的价格往往也高于厂家。

力军卷烟厂2020年8月购进烟丝100箱，每箱200元。当月生产甲类卷烟200箱，消耗50箱已购烟丝，甲类卷烟的市场售价为每箱500元（以上售价均为不含增值税价，甲类卷烟消费税税率暂减按40%）。购进烟丝有两个渠道：一是从某烟丝厂购进，二是从该烟丝厂成立的销售公司购进。请给出筹划方案。

筹划分析：

第一种方案：从烟丝厂购进烟丝。烟丝厂为生产厂商，因而其代收代缴的消费税可以抵扣，那么卷烟厂的应纳消费税为：

$$200 \times 500 \times 40\% - 200 \times 50 \times 30\% = 37000（元）$$

第二种方案：从烟丝厂的销售公司购进烟丝。销售公司不是生产厂商，因而其代收代缴的消费税不能抵扣，卷烟的消费税率暂定为40%，那么卷烟厂的应纳消费税为：

$$200 \times 500 \times 40\% = 40000（元）$$

显然，第一种方案缴纳的消费税较第二种方案少了3000（40000-37000）元。

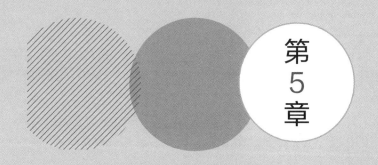

第 5 章

企业所得税
——纳税筹划大有作为

> 企业所得税是企业税负中税率较高的税收,其征税对象是企业的纯所得。较之增值税,企业所得税具有较大的筹划空间,再加上各地都有一定的产业优惠政策,更为企业所得税的纳税筹划提供了广阔的空间。企业所得税的筹划,不只是在经营成果实现之后,更应在生产经营过程之中,甚至是企业设立之初。从长计议,方得始终。

5.1 成本费用筹划乃纳税筹划的重中之重

《中华人民共和国企业所得税法》规定，在计算应纳税所得额时准予从收入中扣除的项目，是指纳税人每一纳税年度发生的与取得应税收入有关的所有必要和正常的成本、费用、税金、损失和其他支出。

企业合理把控税前项目，从加强成本和费用支出的筹划管理和控制着手，既可以降低成本费用，减少资金支出，提升企业的经济效益，同时还可以合理合法地减少企业的纳税支出，节税增收。

5.1.1 固定资产折旧方法选择的纳税筹划

一般来说，在税率不变的情况下，选择加速折旧法可以使企业获得延期纳税的好处。初期较大的折旧额会使企业初期缴纳所得税降低，相当于获得了一笔无息贷款。采用加速折旧法计提折旧的节税效果较采用直线法明显，尤其是采用双倍余额递减法节税，在通货膨胀的环境下更为有效。但需要注意的是，合法性是纳税筹划区别于其他节税方法的显著特点之一。企业要在国家有关折旧规定范围内选择合适的折旧方法，合法地减少税款，增加税后利润。此外，在企业创办初期享有减免税优惠待遇时，企业可通过延长资产折旧年限，将计提的折旧递延到减免期后计入成本，从而获得节税效益，如图5-1所示。

图5-1　固定资产折旧方法纳税筹划

学伟公司购进一台新设备，原值为100万元，预计净残值率为5%，其使用年限为5年。考虑到该设备更新较快，技术寿命短，税务机关批准其采用双倍余额递减法计提折旧。假设在使用平均年限法时该企业连续5年税前会计利润均为80万元，企业所得税均为25%。请分析该企业固定资产折旧的纳税筹划。

筹划分析：

对该企业使用双倍余额递减法计提折旧和使用平均年限法计提折旧进行对比，如表5-1所示。

表5-1 采用双倍余额递减法与平均年限法计提折旧的所得税额　　单位：元

年度	双倍余额递减法			平均年限法			所得税差额
	折旧额	税前利润	所得税额	折旧额	税前利润	所得税额	
第1年	400000	590000	147500	190000	800000	200000	-52500
第2年	240000	750000	187500	190000	800000	200000	-12500
第3年	144000	846000	211500	190000	800000	200000	11500
第4年	83000	907000	226750	190000	800000	200000	26750
第5年	83000	907000	226750	190000	800000	200000	26750
合计	950000	4000000	1000000	950000	4000000	1000000	0

从上表可以看出，该企业采用了双倍余额递减法提取折旧，是可取的。虽然5年的所得税纳税总额都是100万元，但有着时间的差异。从表中所得税差额便可看出，采用双倍余额递减法在第1、第2年分别少交了52500元、12500元。时间差为企业提供了活络的资金，企业将更多的资金用到了生产经营中。

有很多地区为了招商引资，会推出一些优惠政策来吸引外地企业，减免企业所得税是常用的方法。

就上面这个企业而言，若能免3年企业所得税，那么应该在前3年尽可能减少成本费用，增加税前利润，增加企业所得税，反正企业所得税是全免，留置的成本费用可以留待以后年度税前扣除。就固定资产折旧而言，不宜再采用双倍余额递减法了，而是采用平均年限法，最大限度地减少年度折旧额。

5.1.2　企业捐赠的纳税筹划

企业捐赠是企业的非常规性支出，若能把握时机，用好捐赠方式，会起到良好的作用。许多大企业对外捐赠，既是慈善之举，也为企业带来了广告效益。而且，这种广告效益比一般的广告要好得多,它能为企业树立良好的社会形象。因此,企业利用捐赠能获得节税和广告的双重利益。

《中华人民共和国企业所得税法》第九条规定:"企业发生的公益性捐赠支出,在年度利润总额12%以内的部分,准予在计算应纳税所得额时扣除;超过年度利润总额12%的部分,准予结转以后三年内在计算应纳税所得额时扣除。"这里的公益性捐赠,是指企业通过公益性社会团体或者县级以上人民政府及其部门,用于《中华人民共和国公益事业捐赠法》规定的公益事业的捐赠。

对于企业自行直接发生的捐赠以及非公益性捐赠不得在税前扣除。利润总额是指企业依照国家统一会计制度的规定计算的年度会计利润。企业捐赠采取的方式不同,抵税的金额也会不同。

纳税人捐赠时应符合税法规定的条件,具体包括3个,如图5-2所示。

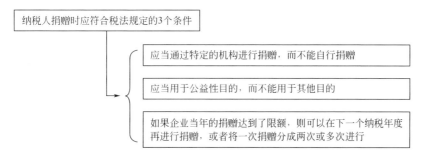

图5-2 纳税人捐赠时应符合税法规定的3个条件

此外,捐赠时还要考虑捐赠的方式。若是实物捐赠,需缴纳增值税;若是现金捐赠,无须缴纳增值税。

优税公司2020年和2021年预计会计利润均分别为500万元和400万元,企业所得税税率为25%。为了提升企业形象,拓展产品市场,该企业决定向贫困地区无偿捐赠现金100万元。现提出3种方案:第一种方案是2020年年底直接捐给某贫困地区;第二种方案是2020年年底通过省级民政部门捐赠给贫困地区;第三种方案是2020年年底通过省级民政部门捐赠60万元,2021年年初通过省级民政部门再捐赠40万元。

筹划分析:

第一种方案:该企业2020年年底直接向贫困地区捐赠100万元。因为未经特定的机构捐赠,所以捐赠款项不得在税前扣除。2020年年底企业应缴纳企业所得税为125（500×25%）万元。

第二种方案：该企业2020年年底通过省级民政部门向贫困地区捐赠100万元。税法规定，捐赠金额不能超过年度利润总额的12%，否则要留在以后3年内扣减。该企业2020年捐赠了100万元，但准予扣除的捐赠额为60（500×12%）万元，另40万元不能作税前扣除，应调增当年利润。那么该企业2020年应缴纳的企业所得税为120［（500-60+40）×25%］万元。

第三种方案：该企业分两年进行捐赠，2020年通过省民政部门捐赠60万元，2021年年初通过省民政部门捐赠40万元，均符合税法规定，可以税前扣除。那么，2020年和2021年应缴纳的企业所得税分别为110［（500-60）×25%］万元和90［（400-40）×25%］万元。

由以上可见，优税公司若采取第三种方案，应缴纳的企业所得税最合适。

如果要精确地计算捐赠额度，我们不妨来测算一下。

捐赠额税前扣除限额＝"年度利润总额"×12%，"年度利润总额"分解为捐赠前利润总额和捐赠总额，而捐赠额税前扣除限额＝捐赠总额-税后列支捐赠额。具体公式如图5-3所示。

$$(捐赠总额-税后列支捐赠额)=(捐赠前利润总额-捐赠总额)\times 12\%$$

图5-3　捐赠额税前扣除限额计算公式

通过转换，税后列支捐赠额如图5-4所示。

$$税后列支捐赠额=捐赠总额\times(1+12\%)-捐赠前利润总额\times 12\%$$

图5-4　税后列支捐赠额计算公式

显然，从纳税筹划角度考虑，当税后列支捐赠额＝0时，为可全额扣除捐赠额度（均可税前列支）。则捐赠总额×（1+12%）-捐赠前利润总额×12%＝0，即：可全额扣除捐赠额度＝捐赠前利润总额×12%÷（1+12%）。

5.1.3　存货计价的纳税筹划

会计人员都知道，存货是以实际取得的价格进行计价的。《企业会计准则第1号——存货》规定：企业应当采用先进先出法、加权平均法或者个别计价法确定发出存货的实际成本。选择存货计价方法应该考虑如图5-5所示的两因素。

价格变动因素：在预测购进货物价格下降的情况下，应当采用先进先出法；在预测价格较稳定或者难以预测的情况下，应当采用加权平均法；在价格变化不定且单位价格较大的情况下，应当采用个别计价法。

税率变动因素：如果物价上涨，在预测未来适用税率上升的情况下，应当采用先进先出法。这里所说的税率变动，既包括国家调整所得税税率，也包括企业适用的实际所得税税率的变化。比如企业适用的所得税税率为25%，但是现在处于免税期间，则其适用的实际所得税税率为0，免税期后适用的实际所得税税率为25%，在免税期内选择存货计价方法时要考虑到免税期过后所得税税率上升的因素。

图5-5 使用存货计价方法应该考虑的两个因素

（1）不同核算方法影响着成本和利润

存货的计价方法有多种。计价方法不同，存货出库的成本便不同。而且，不同的方法甚至可能出现很大的差异。比如先进先出法和加权平均法，若是在价格波动很大的情况下，两种方法计算的结果也会相差很大，必须通过存货核算的纳税筹划，来实现企业税负的最小化。

案例 3

金川皮鞋厂2020年12月购进120吨皮革，明细如表5-2所示。

表5-2 购进皮革明细表

日期	数量（吨）	单价（元）	金额（元）
12月3日	30	3000	90000
12月15日	50	4000	200000
12月20日	40	3500	140000

本月领用皮革90吨，请分别采用先进先出法和加权平均法计算领用皮革的成本。

案例分析：

第一，使用先进先出法。

领用材料的成本＝30×3000+50×4000+10×3500=325000（元）

第二，使用加权平均法。

领用材料的成本＝（90000+200000+140000）÷（30+50+40）×90≈322500（元）

通过计算可以看出，加权平均法的成本低于先进先出法。加权平均法对价格不断上扬的企业来说，可以提高成本，降低利润，起到调节企业所得税的效果。相反，若价格一直下跌的话，可以选用先进先出法。

值得注意的是，存货计价方法一经确定，不能随意变更。

（2）不同存货计价方法的选择

计价方法的选择，只是选择在当期使用哪一个时间段的历史价格作为存货出库的计价。而对于整个存货的出库，其出库就是使用存货的历史价格之和。

整个存货的出库，对于整个期间的总的企业应纳税所得额是没有影响的。存货核算方法的选择，只是对当期的企业所得税应纳税所得额有影响。因此，外部的税收环境会决定企业纳税筹划目标和方向。

伟伟耐火材料厂是外商投资企业，适用25%企业所得税税率，根据相关法律法规的规定，伟伟耐火材料厂享受"两免三减半"的所得税优惠政策。"两免三减半"的意思就是，开业前2年免征所得税，后3年减半征收所得税。2018年是伟伟耐火材料厂开办的第二年，企业年初没有库存，年内分3批购买了生产用的材料，明细如表5-3所示。

表5-3 购买生产用材料明细表

数量/公斤	单价/万元	金额/万元
150	5	750
120	7	840
240	12	2880

该企业于2018年出售商品耗用该材料280公斤。请问伟伟耐火材料厂应当在存货核算中使用先进先出法，还是加权平均法？

筹划分析：

本题中，由于2018年是企业享受"两免三减半"的第二年，因此本年度的企业所得税是免税的。而下一个年度的企业所得税就要按照应纳税额减半征收了。因此，企业纳税筹划的方向是尽可能增加企业所得税的应纳税所得额，减少会增加以后年度企业所得税应纳税所得额的影响因素。因此，企业在存货核算上的纳税筹划，就是设法将存货成本留到以后年度去抵冲利润。从上表可以看出，材料的价格一直上扬，采用加权平均法，会加大成本，对于享受免税政策的企业来说，显然不合适。所以应该使用先进先出法。

第一，使用先进先出法。

年度销售成本＝150×5+120×7+10×12＝1710（万元）

若下个年度存货领用完毕，则其销售成本＝230×12＝2760（万元）

第二，使用加权平均法。

年度销售成本＝（750+840+2880）÷（150+120+240）×280≈2454.12（万元）

若下个年度存货领用完毕，则其销售成本＝750+840+2880－2454.12＝2015.88（万元）

由于本年度的企业所得税是免税的，因此本年度企业所得税为零。第二年减半征收。所以，使用先进先出法比加权平均法要少缴纳93.02［(2760－2015.88)×25%×50%］万元的企业所得税。

通过上述比较可以看出，两种不同的计价方法对所得税的影响与商品价格的关系非常密切。显然，在社会经济处于通货紧缩的时期，采用先进先出法比较合适；而在社会经济比较稳定的时期，采用加权平均法比较合适。

5.1.4 将利息支出变为其他支出的纳税筹划

当企业利息支出超过允许扣除的数额时，企业可以将超额的利息转变为其他可以扣除的支出，例如通过工资、奖金、劳务报酬或者转移利润的方式支付利息，从而降低所得税负担。在向自己员工借贷的情况下，企业可以将部分利息转换为向员工的工资支付，从而达到计算应纳税所得额时予以全部扣除的目的，如图5-6所示。

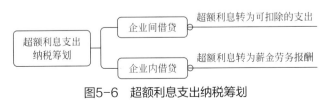

图5-6　超额利息支出纳税筹划

案例 5

晨晖公司员工人数为100人，假设每位员工月工资为3500元。该企业2020年度向员工集资人均10000元，年利率为10%，同期同类银行贷款利率为年利率6%，当年企业税前会计利润为100万元（利息支出全部扣除）。企业所得税法实施条例规定，向非金融机构借款的利息支出不得高于按照银行金融同类同期贷款利率计算的数额以内部分准予扣除。因此，超过部分不能扣除。请给出纳税筹划建议。

筹划分析：

① 分析该企业的所得税。

由于超出银行利率不能扣除，因此要调增该企业的应纳税所得额：

$$100 \times 10000 \times (10\% - 6\%) = 40000（元）$$

那么，企业应纳企业所得税额为：

$$(1000000 + 40000) \times 25\% = 260000（元）$$

企业应代扣代缴企业员工利息收入个人所得税为：

$$100 \times 10000 \times 10\% \times 20\% = 20000（元）$$

② 税务筹划方案。

年利率形式上先降低到同期同类贷款利率，即6%，但实质上仍是支付给员工年利率10%。实质与形式之间的每个员工利息差额为400[10000×（10%-6%）]元。企业将每位员工工资调增400元，员工的平均工资提高3900（3500+400）元。这样的情况下，员工工资薪金的个人所得税为零，企业应纳所得税为250000（1000000×25%）元。企业代扣代缴企业员工利息收入的个人所得税为12000（100×10000×6%×20%）元。相比之下，税务筹划后，节约了企业所得税10000元，减少了个人所得税8000（20000-12000）元。

5.1.5 根据收入限额扣除类费用的纳税筹划

企业在税前开支的广告费、宣传费和业务招待费，在计算企业所得税应纳税所得额的扣除额时，税法都有具体的限额规定。

（1）广告费与业务宣传费的纳税筹划

税法规定，广告费和业务宣传费在税前列支时，不能超过当年销售（营业）收入的15%，超过部分不得计算当年度的应纳税所得额，可以留存结转到以后年度继续按照相同的规则进行扣除。不过，税法虽然这么规定了，当年度不足抵扣的部分可以结转到以后年度进行扣除。但如果企业每个年度的广告宣传费都超过企业销售（营业）收入的15%，那么，超出的部分或许永远都没机会在以后年度计算应纳税所得额时予以扣除。

（2）业务招待费的纳税筹划

关于企业的业务招待费，税法也有明文规定，在计算当年度的应纳税所得额时，应按照业务招待费的实际发生额的60%扣除，且最高不能超过当年销售（营业）收入的5‰。

广告宣传费与业务招待费，都是按照销售（营业）收入的一定的比例进行扣除的，受到销售（营业）收入的限制。因此，如何充分地、更多地在企业计算企业所得税的应纳税所得额时扣除企业发生的广告宣传费和业务招待费，就是这类企业发生的费用的纳税筹划的目标。

案例 6

金华建材公司2020年度销售收入为1000万元，本年度发生业务招待费10万元，广告宣传费200万元，请对金华建材公司进行纳税筹划。

筹划分析：

该建材公司2020年度税前准予扣除的金额分别如下。

业务招待费：税前准予扣除的限额为5（1000×5‰）万元，实际发生额为6（10×60%）万元。显然，业务招待费超过了扣除限额。

广告宣传费：税前准予扣除的限额为150（1000×15%）万元，实际发生额为200万元，也超出了扣除限额。

现对建材公司进行筹划，在不考虑其他因素的情况下，将其销售部门独立，领取营业执照，办理建材销售公司。金华建材公司的产品统一销售给销售公司，再由销售公司对外销售。假设2020年，金华建材公司销售给建材销售公司的销售额为800万元，销售公司对外销售仍为1000万元，两家合计发生的业务招待费和广告宣传费不变。那么：

业务招待费：税前准予扣除的限额为9［（800+1000）×5‰］万元，实际发生额为6（10×60%）万元，可以在税前全部抵扣。

广告宣传费：税前准予扣除的限额为270［（800+1000）×15%］万元，实际发生额为200万元，也可以在税前全部扣除。

5.1.6　资产损失税前扣除的纳税筹划

《财政部 国家税务总局关于企业资产损失税前扣除政策的通知》（财税〔2009〕57号）第十三条规定："企业对其扣除的各项资产损失，应当提供能够证明资产损失确属已实际发生的合法证据，包括具有法律效力的外部证据、具有法定资质的中介机构的经济鉴证证明、具有法定资质的专业机构的技术鉴定证明等。"

《企业资产损失所得税税前扣除管理办法》（国家税务总局公告2011年第25号文）第五条规定："企业发生的资产损失，应按规定的程序和要求向主管税务机关申报后方能在税前扣除。未经申报的损失，不得在税前扣除。"

那么，企业可以按规定向税务机关报送资产损失税前扣除申请，申请时，均应提供能够证明资产损失确属已实际发生的合法证据，包括：企业资产损失相关的证据、具有法律效力的外部证据和特定事项的企业内部证据。

《企业资产损失所得税税前扣除管理办法》第十七条规定，具有法律效力的外部证据，是指司法机关、行政机关、专业技术鉴定部门等依法出具的与本企业资产损失相关的具有法律效力的书面文件。其主要内容如表5-4所示。

表5-4　具有法律效力的外部证据主要内容

列项	具体内容
1	司法机关的判决或者裁定
2	公安机关的立案结案证明、回复
3	工商部门出具的注销、吊销及停业证明
4	企业的破产清算公告或清偿文件
5	行政机关的公文
6	专业技术部门的鉴定报告
7	具有法定资质的中介机构的经济鉴证证明
8	仲裁机构的仲裁文书
9	保险公司对投保资产出具的出险调查单、理赔计算单等保险单据
10	符合法律规定的其他证据

《企业资产损失所得税税前扣除管理办法》第十八条规定，特定事项的企业内部证据，是指会计核算制度健全、内部控制制度完善的企业，对各项资产发生毁损、报废、盘亏、死亡、变质等内部证明或承担责任的声明。其主要内容如表5-5所示。

表5-5 特定事项的企业内部证据主要内容

列项	具体内容
1	有关会计核算资料和原始凭证
2	资产盘点表
3	相关经济行为的业务合同
4	企业内部技术鉴定部门的鉴定文件或资料
5	企业内部核批文件及有关情况说明
6	对责任人由于经营管理责任造成损失的责任认定及赔偿情况说明
7	法定代表人、企业负责人和企业财务负责人对特定事项真实性承担法律责任的声明

对一些符合条件的大中型企业来说，若是发生了某些资产损失，即可以凭内部证据作为资产损失的认定证据，无须提请会计师事务所、税务师事务所等中介机构出具经济鉴定证明。对企业来说，可以减少相当数额的鉴定费用，进而节约涉税成本，获得一定的税收经济收益。

企业还可以按照《企业资产损失所得税税前扣除管理办法》的规定进行处理，即由本企业出具有关资产损失及评估报告、会计核算有关资料和原始凭证、资产盘点表、相关经济行为的业务合同、企业内部核批文件及有关情况说明，同时向税务机关出具法定代表人、企业负责人和企业财务负责人对该事项真实性承担税收法律责任的申明，然后企业就可以完成资产损失报批的申请程序，不必请中介机构进行鉴定，从而可以节约纳税成本。

5.1.7 利用坏账损失的备抵法进行纳税筹划

根据企业会计准则的规定，坏账损失的账务处理方法主要有直接转销法和备抵法。无论是直接转销法还是备抵法，发生的坏账损失都须在税务主管当局批准后才能在税前扣除，但企业采用备抵法进行账务处理，在一个会计年度内可以先在"管理费用"里反映"坏账准备"，起到延期缴纳企业所得税的作用，赢得资金的使用价值。

根据税法规定，企业发生的坏账损失只有在当地税务局批准后才能在税前扣除，否则在年度汇算清缴时进行纳税调增。

在进行纳税筹划时,企业应该尽力采用备抵法进行账务处理。因为采用备抵法对减轻税负更为有利。即使两种方法计算的应缴纳所得税数额是一致的,但应收账款余额百分比法将应纳税款滞后,等于享受到国家一笔无息贷款,增加了企业的流动资金。

5.2 利用产业优惠政策进行纳税筹划

5.2.1 根据优惠年度调节应纳税所得额

税法规定的国家重点扶持公共基础设施项目的投资经营所得,可以从项目取得第一笔生产经营收入所属年度起,第一年至第三年免征企业所得税,第四年至第六年减半征收企业所得税。

符合条件的环境保护、节能节水项目的所得,从项目取得第一笔生产经营收入所属年度起,第一年至第三年免征企业所得税,第四年至第六年减半征收企业所得税。

案例 7

仍以案例1的企业为例,假如该企业从事的是国家重点扶持公共基础设施项目,那么便可以享受减免税政策,前3年免企业所得税,后3年减半征收,那么企业该如何筹划固定资产折旧来降低企业所得税?

筹划分析:

我们仍对该企业使用双倍余额递减法计提折旧和使用平均年限法计提折旧进行对比,如表5-6所示。

表5-6 采用双倍余额递减法与平均年限法计提折旧的所得税税额　　单位:元

年度	双倍余额递减法			平均年限法			所得税差额
	折旧额	税前利润	所得税额	折旧额	税前利润	所得税额	
第1年	400000	590000	0	190000	800000	0	0
第2年	240000	750000	0	190000	800000	0	0
第3年	144000	846000	0	190000	800000	0	0

续表

年度	双倍余额递减法			平均年限法			所得税差额
	折旧额	税前利润	所得税额	折旧额	税前利润	所得税额	
第4年	83000	907000	113375	190000	800000	100000	13375
第5年	83000	907000	113375	190000	800000	100000	13375
合计	950000	4000000	226750	950000	4000000	200000	26750

从上表可以看出，该企业若采用平均年限法提取折旧，才是可取的。实行前3年免企业所得税、后3年减半征收的政策后，两种方法5年的所得税纳税总额不一样了，平均年限法下的所得税额为200000元，双倍余额递减法下的所得税额为226750元，后者多交了26750元。

如果企业从年度中间甚至年底开始生产经营，该年度将作为企业享受税收优惠政策的第一年。由于该年度的生产经营所得一般很少，因此企业是否享受减免税政策的意义并不是很大。此时，企业就应恰当选择享受税收优惠的第一个年度，适当提前或者推迟进行生产经营活动的日期。

5.2.2 根据优惠税率综合调节财务指标

符合条件的小型微利企业，减按20%的税率征收企业所得税；国家需要重点扶持的高新技术企业，减按15%的税率征收企业所得税。

利用小型微利企业以及高新技术企业的低税率优惠政策都有严格的条件限制。企业可以通过设立子公司或者将部分分支机构转变为子公司来享受小型微利企业的低税率优惠。如果企业自身难以改造成高技术企业，可以考虑重新设立一个属于高科技企业的子公司，或者将某一分支机构改造成高科技企业。

《财政部 税务总局关于实施小微企业普惠性税收减免政策的通知》（财税〔2019〕13号）规定："对小型微利企业年应纳税所得额不超过100万元的部分，减按25%计入应纳税所得额，按20%的税率缴纳企业所得税；对年应纳税所得额超过100万元但不超过300万元的部分，减按50%计入应纳税所得额，按20%的税率缴纳企业所得税。上述小型微利企业是指从事国家非限制和禁止行业，且同时符合年度应纳税所得额不超过300万元、从业人数不超过300人、资产总额不超过5000万元等三个条件的企业。"

案例 8

雨芬建筑公司现有员工100人，2019年税前利润为80万元，资产总额为5200万元，资产负债表如表5-7所示。

表5-7 资产负债表

编制企业：雨芬建筑公司　2019年12月31日　　　　　　　单位：元

资产	金额	负债及所有者权益	金额
流动资产：		流动负债：	
货币资金	8500000.00	短期借款	3000000.00
应收账款	25000000.00	应付账款	36200000.00
预付账款	15000000.00	预收账款	
……		……	
流动资产合计	48500000.00	流动负债合计	39200000.00
固定资产：		长期负债	
固定资产原价	5000000.00	……	
减：累计折旧	1500000.00		
固定资产净值	3500000.00	负债合计	
固定资产合计		所有者权益：	
……		实收资本	12000000.00
……		未分配利润	800000.00
非流动资产合计		所有者权益合计	12800000.00
资产总计	52000000.00	负债及权益合计	52000000.00

企业负责人：　　　　　　　财务负责人：　　　　　　　制表人：

请对该建筑公司的企业所得税进行事前纳税筹划。

筹划分析：

显然，该企业不符合税法所规定的小微企业的标准。虽然人数和税前利润都符合条件，但资产总额超过了。税法规定，小微企业的资产总额不得超过5000万元，而该企业的资产总额为5200万元。

我们注意到，该企业有一笔短期借款300万元，同时有货币资金850万元。若是在12月前还了该笔贷款，到了下一年的1月再贷回来，那么资产总额就低于5000万元了，就符合小微企业的条件了。

若是还了贷款，则会计分录如下。

借：短期借款　　　　　　　　　　　　　　　　　3000000
　　贷：货币资金　　　　　　　　　　　　　　　3000000

那么，资产总额和负债及所有者权益总额都减了300万元，变成了4900万元。

当资产总额超过5000万元时，该企业不符合小微企业条件，其所得税为：

$$800000 \times 25\% = 200000（元）$$

当资产总额未超过5000万元时，该企业符合小微企业条件，其所得税为：

$$800000 \times 25\% \times 20\% = 40000（元）$$

归还贷款后，企业节约所得税160000（200000-40000）元。

5.2.3　环保产业和项目的纳税优惠

除了对国家级高新技术产业开发区内的高新技术企业实行15%的优惠税率外，新企业所得税法及其实施条例中，产业优惠政策的另一个亮点就是把有关环境保护、资源综合利用、安全生产的产业和项目纳入了产业优惠体系，以进一步提高企业环保、节约和安全生产意识，促使企业加大这些方面的开发和投资力度。

企业购置用于环境保护、节能节水、安全生产等专用设备的投资额，可以按10%从企业当年的应纳税额中抵免；当年不足抵免的，可以在以后5个纳税年度结转抵免。这里的专用设备是指《环境保护专用设备企业所得税优惠目录》《节能节水专用设备企业所得税优惠目录》和《安全生产专用设备企业所得税优惠目录》中规定的环境保护、节能节水、安全生产等专用设备，且5年内不得转让、出租。

企业以《资源综合利用企业所得税优惠目录》规定的资源作为主要原材料，生产国家非限制和禁止并符合国家和行业相关标准的产品取得的收入，减按90%计入收入总额。这里原材料占生产产品材料的比例不得低于《资源综合利用企业所得税优惠目录》规定的标准。

因此，企业购置有关环境保护、节能节水和安全生产等专用设备时，要享受税收优惠，达到节税的目的，前提条件是所购买的设备必须是企业所得税优惠目录中的专用设备，且注意年限限制。

5.2.4　运用安置特殊人员就业进行纳税筹划

新企业所得税法及其实施条例规定，安置残疾人员及国家鼓励安置的其他就业人员所支付的工资实行加计扣除。其中企业安置残疾人员的，在按照支付给残疾员工工资据实扣除的基础上，按照支付给残疾员工工资的100%加计扣除。

新企业所得税法及其实施条例取消了原税法对安置人员比例的限制，企业可以根据自身情况，在一定的适合岗位上尽可能地安置下岗失业或残疾人员，以充分享受税收优惠，减轻税负。

5.2.5　免税收入纳税筹划的利好

免税收入是指不需要纳税的收入，企业在条件许可的情况下应当尽可能地获得免税收入。

当然，获得免税收入需要具备特定的条件，企业满足了税法规定的特定条件，才能享受税法规定的免税待遇。比如：国债的利息是可以免税的。那么企业在选择国债或其他债券进行投资时，可以将免税作为一个重要的因素予以考虑。再比如：直接投资的股息所得是免税的，而企业转让股权所得是要纳税的。那么，企业进行股权转让时，尽量将该股权所代表的未分配股息分配以后再转让。

5.2.6　运用技术创新和科技进步的税收优惠政策进行纳税筹划

新企业所得税法为了鼓励企业进行技术创新和科技进步，从以下两个方面对技术创新设定了优惠条款，为企业的纳税筹划提供了空间。

一是符合条件的技术转让所得可以免征、减征企业所得税。即一个纳税年度内，居民企业技术转让所得不超过500万元的部分，免征企业所得税；超过500万元的部分，减半征收企业所得税。

二是开发新技术、新产品、新工艺发生的研究开发费用可以在计算应纳税所得额时加计扣除。有3个核心要点：

① 企业开展研发活动中实际发生的研发费用,未形成无形资产计入当期损益的,在按规定据实扣除的基础上,按照本年度实际发生额的50%,从本年度应纳税所得额中扣除;形成无形资产的,按照无形资产成本的150%在税前摊销。

② 企业开展研发活动中实际发生的研发费用,未形成无形资产计入当期损益的,在按规定据实扣除的基础上,在2018年1月1日至2020年12月31日期间,再按照实际发生额的75%在税前加计扣除;形成无形资产的,在上述期间按照无形资产成本的175%在税前摊销。

③ 委托境外机构进行研发活动所发生的费用,按照费用实际发生额的80%计入委托方的委托境外研发费用。委托境外研发费用不超过境内符合条件的研发费用2/3的部分,可以按规定在企业所得税前加计扣除。

2019年1月,成飞地质大队需要引进一项新的勘探技术,现有两个方案供选择:一是从河北某地质大学购买专利,购进成本100万元;二是与该大学进行研发合作,由地质大队提供研发经费,假设2019年的也是100万元,地质大学负责技术开发,于2019年年底交由地质大队申请获取专利。地质大队2019年年度税前利润为1000万元(未考虑无形资产摊销),请从节税的角度,为成飞地质大队提供筹划方案。

筹划分析:

新产品和新技术的研发是提高企业竞争力和获得较高利润的保证,需要持续和高额的投资。企业应当充分运用纳税筹划,有效地获得国家通过税收优惠政策所给予的资金支持。如果地质大队从地质大学外购专利技术,那么,所发生的购买费用只能记入"无形资产"科目,在规定年限15年内直线摊销,并未享受到优惠政策。所以应该选第二种方案,即与河北某地质大学合作,共同研发勘探技术。这时的技术研发费用不仅能够在税前一次性扣除,而且可以获得实际发生额175%的所得税税前加计抵扣。

第一种方案的应纳税所得额=1000−100÷15≈993.33(万元)

第二种方案的应纳税所得额=1000−100×175%=825(万元)

显然,第二种方案的应纳税所得额比第一种方案少了168.33(993.33−825)万元,节约了企业所得税。

5.3 有策略地降低企业所得税

5.3.1 利用股权投资的纳税筹划

如果企业准备转让股权,而该股权中尚有大量没有分配的利润,此时,就可以通过先分配股息再转让股权的方式来降低转让股权的价格,从而降低股权转让所得,减轻所得税负担,如图5-7所示。

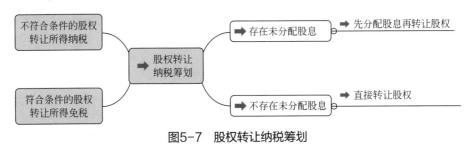

图5-7 股权转让纳税筹划

5.3.2 弥补以前年度亏损的纳税筹划

会计人员都知道,企业纳税年度发生的亏损,准予在以后年度结转,用以后年度的所得弥补,但结转年限最长不得超过5年。一般地,会计人员都认为,亏损和盈利由企业经营成果决定,没有可筹划之处。但事实上,弥补以前年度亏损也是可以进行纳税筹划的。

筹划弥补以前年度亏损的目的,就是多弥补以前年度亏损,少缴纳企业所得税。如果筹划不当,就可能浪费了弥补亏损的机会,多缴纳企业所得税。企业可以通过对本企业的投资和收益的控制,来充分利用亏损结转的规定,将能够弥补的亏损尽量弥补。若企业某年度发生了亏损,则尽量调节经营成果,让邻近的纳税年度获得较多的收益,尽可能早地将亏损弥补;若企业已经没有需要弥补的亏损或者企业刚组建,而亏损在最近几年又是不可避免的,那么应当尽量先安排企业亏损,再安排企业盈利,如图5-8所示。

企业所得税依据年度应纳税所得额计算缴纳。应纳税所得额为正数,即盈利时,年度应缴纳企业所得税;应纳税所得额为负数,即亏损时,年度无需缴纳企业所得税。当企业发生年度亏损时,只能用以后年度的利润来弥补,而不能用以前年度的利润来弥补。

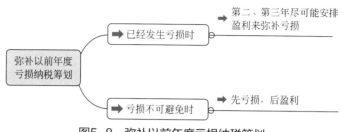

图5-8　弥补以前年度亏损纳税筹划

企业调节应纳税所得额的方法有很多。比如：如果企业对积压的库存产品进行削价处理，则可以减少当期的应纳税所得额，进而降低应纳所得税额（也可以降低当期应纳的增值税额）；关联企业之间则可以通过转让定价的方式降低总体税负水平；将一些呆账坏账，以及待处理资产损失，选择适当年度进行处理；通过合同或产品周期、工程进度等，控制收入和成本的入账时间等。

5.4　公司设立环节的纳税筹划

5.4.1　分、子公司的纳税筹划

成立分公司，还是子公司，很多老板弄不清楚。有老板会说，不都一样吗？当然不一样，都一样就没必要分为子公司和分公司了。其实，当一家企业在设立分支机构，尤其是设立国外分支机构时，是选择子公司还是分公司，意义非凡。若定位准确，可为总公司调节利润，节约企业所得税。

先来分析一下子公司与分公司的区别。按照《中华人民共和国公司法》的规定，子公司是独立法人，是由母公司投资的另一个独立于母公司之外的企业。母公司在子公司的股东会上起主导作用，子公司的经营方针和投资计划由母公司决定。但其盈利亏损，均不能并入母公司利润，而是作为独立的居民企业单独缴纳企业所得税。

如果子公司是小微企业，子公司可以享受适用企业所得税的普惠性税收减免政策，能使母公司及整个集团公司的整体税负降低。

子公司分配现金股利或利润给母公司时，应补税差。那么设立子公司对于整个集团公司来说，其税负为子公司缴纳的所得税和母公司就现金股利或利润补缴的所得税差额。

分公司不是独立法人，不必缴纳企业所得税，其实现的盈亏应当直接并入总公司，由总公司汇总纳税。如果盈利了，分公司实现的利润在缴纳所得税时不能减少总公司的整体税负；如果亏损了，可抵减总公司的应纳税所得额，从而达到降低总公司整体税负的目的。

概括地说，子公司和分公司各有好处，归纳如下。

① 设立子公司的好处，如表5-8所示。

表5-8 设立子公司的好处

列项	具体内容
1	母公司对分公司全面干预，对子公司只干预其生产经营活动
2	子公司利润汇回母公司时比分公司灵活，母公司的投资所得、资本利得可以留在子公司，也可以选择税负较轻的时候汇回，得到额外的税收利益
3	子公司是独立法人，其所得税计征独立进行，可以享受东道国给居民公司提供的包括免税期在内的税收优惠待遇
4	设立子公司，母公司只负有限债务责任（有时需要母公司担保）
5	东道国税率低于居住国时，子公司的累积利润可得到递延纳税的好处
6	许多国家对子公司向母公司支付的股息规定减征或免征预提税

② 设立分公司的好处，如表5-9所示。

表5-9 设立分公司的好处

列项	具体内容
1	分公司一般便于经营，财务会计制度的要求也比较简单
2	分公司承担的成本费用可能要比子公司节省
3	分公司与总公司之间的资本转移，因不涉及所有权变动，不必纳税
4	分公司缴付给总公司的利润通常不必缴纳预提税
5	分公司的流转税在所在地缴纳，利润由总公司合并纳税。其亏损可冲抵总公司利润，减轻税收负担

由上可见，子公司和分公司的税收利益存在着较大差异，企业在选择组织形式时应细心比较、统筹考虑、正确筹划。总的来说，两种组织形式的重要区别在于：

子公司是独立的法人实体,在设立子公司的所在国被视为居民纳税人,通常要承担与该国其他公司一样的全面纳税义务;分公司不是独立的法人实体,在设立分公司的所在国被视为非居民纳税人,只承担有限的纳税义务。

分公司发生的利润与亏损要与总公司合并计算,即"合并报表"。我国税法也规定,公司的下属分支机构缴纳所得税有两种形式:一是独立申报纳税;二是合并到总公司汇总纳税。而采用哪种形式纳税则取决于公司下属分支机构的性质是否为企业所得税的独立纳税义务人。

需要注意的是,境外分公司与总公司利润合并计算,所影响的是居住国的税收负担。至于作为分公司所在的东道国,往往依然要对归属于分公司本身的收入课税,这就是实行所谓收入来源税收管辖权。而设立境内分公司则不存在这个问题。对于这一点,企业在进行纳税筹划时应加以关注。

运金集团于2020年年初在同一地方分别设立了全资子公司和分公司,属于微利企业,企业所得税适用税率为20%。假设两家分支机构截至2020年年底的税前会计利润都为2万元,分配给总公司的利润都为1.5万元,假设不存在纳税调整事项,请分别计算两家分支机构分配给总公司利润时应承担的税负。运金集团当年实现税前会计利润60万元,适用的企业所得税税率为25%。

筹划分析:

全资子公司分配利润的企业所得税:

子公司应纳所得税额=2×20%=0.4(万元)

子公司分配给集团的利润为1.5万元,属于权益性投资,无须缴纳企业所得税额。

运金集团应纳所得税额=60×25%=15(万元)

运金集团总的税负=0.4+15=15.4(万元)

分公司分配利润的企业所得税:

运金集团总的税负=(60+2)×25%=15.5(万元)

显然,当分支机构处于盈利状态时,子公司占有税负优势。而分公司由于利润并入了集团公司,享受不了微利企业的优惠,因而税负稍高。

但是,如果分支机构处于亏损状态,设立分公司便有了优势。因为税法规定,分公司是非独立纳税人,其亏损可以用集团公司的利润弥补,便可以降低集团公司的应纳税所得额。而子公司的亏损不能由母公司弥补。

设立分支机构,必须考虑分支机构的利润分配形式和风险责任。分公司不具有独立法人资格,所以不利于进行独立的利润分配。但分支机构若存在风险或相关法律责任,毫无疑问由集团公司共担。而子公司的责任风险无须母公司承担。

如果总公司享受税收优惠,而分支机构没有优惠政策,那么可以选择总分公司模式,使分支机构同等享受税收优惠待遇;如果分公司所在地有优惠,则当分公司开始盈利后,可以变分公司为子公司,享受当地的税收优惠,这样会收到较好的纳税效果。

总之,在企业设立分支机构时,考虑经营的需要是必须的,但也要考虑机构形式带来的税收待遇,达到节税增效的目的。

5.4.2 总分公司的纳税筹划

总公司与分公司具有不同的性质,因而给企业带来的税负也不尽相同。企业应根据总公司与分公司的盈亏情况,决定不同的分公司形式,为企业税收减负。

分公司作为总公司的分支机构而存在,不具有法人资格,民事责任由总公司承担。设立分公司无须接受审查,设立程序比较简单,费用开支比较少。

分公司主要有两种形式,如图5-9所示。

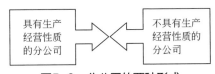

图5-9 分公司的两种形式

具有生产经营性质的分公司可以从事生产经营和销售活动;不具有生产经营性质的分公司不能以自己的名义签订商业贸易合同进行营利性的贸易、投资活动,否则其签订的营利性协议是无效的。

不具有生产经营性质的分公司一般只能从事总公司营业范围内的业务联络活动,包括联络、了解分析市场行情、参与商务谈判。

关于分公司的税法规定有:

(1)不具有生产经营性质的分公司

《跨地区经营汇总纳税企业所得税征收管理办法》(国家税务总局公告2012年第

57号文)第五条规定:"以下二级分支机构不就地分摊缴纳企业所得税:(一)不具有主体生产经营职能,且在当地不缴纳增值税、营业税的产品售后服务、内部研发、仓储等汇总纳税企业内部辅助性的二级分支机构,不就地分摊缴纳企业所得税。(二)上年度认定为小型微利企业的,其二级分支机构不就地分摊缴纳企业所得税。(三)新设立的二级分支机构,设立当年不就地分摊缴纳企业所得税。(四)当年撤销的二级分支机构,自办理注销税务登记之日所属企业所得税预缴期间起,不就地分摊缴纳企业所得税。(五)汇总纳税企业在中国境外设立的不具有法人资格的二级分支机构,不就地分摊缴纳企业所得税。"

由此可见,不具有生产经营性质的分公司,由于不能从事经营活动,没有业务收入,不存在利润,也就没有应纳税所得额,无须缴纳企业所得税,也无须在当地缴纳流转税。

(2)具有独立生产经营职能的分公司

《跨地区经营汇总纳税企业所得税征收管理办法》(国家税务总局公告2012年第57号文)第十六条规定,"总机构设立具有主体生产经营职能的部门(非本办法第四条规定的二级分支机构),且该部门的营业收入、职工薪酬和资产总额与管理职能部门分开核算的,可将该部门视同一个二级分支机构,按本办法规定计算分摊并就地缴纳企业所得税;该部门与管理职能部门的营业收入、职工薪酬和资产总额不能分开核算的,该部门不得视同一个二级分支机构,不得按本办法规定计算分摊并就地缴纳企业所得税"。

(3)具有生产经营性质的分公司

《跨地区经营汇总纳税企业所得税征收管理办法》(国家税务总局公告2012年第57号文)第十三、十四条规定:

总机构按以下公式计算分摊税款:

总机构分摊税款=汇总纳税企业当期应纳所得税额×50%

分支机构按以下公式计算分摊税款:

所有分支机构分摊税款总额=汇总纳税企业当期应纳所得税额×50%

某分支机构分摊税款=所有分支机构分摊税款总额×该分支机构分摊比例

《跨地区经营汇总纳税企业所得税征收管理办法》(国家税务总局公告2012年第57号文)第十五条规定:总机构应按照上年度分支机构的营业收入、职工薪酬和资产总额三个因素计算各分支机构分摊所得税款的比例;三级及以下分支机构,其营业收入、职工薪酬和资产总额统一计入二级分支机构;三因素的权重依次为0.35、0.35、0.30。

计算公式如图5-10所示。

> 某分支机构分摊比例=(该分支机构营业收入/各分支机构营业收入之和)×0.35+(该分支机构职工薪酬/各分支机构职工薪酬之和)×0.35+(该分支机构资产总额/各分支机构资产总额之和)×0.30

图5-10 分支机构分摊比例计算公式

分支机构分摊比例按上述方法一经确定后,除出现《跨地区经营汇总纳税企业所得税征收管理办法》第五条第(四)项和第十六条第二、第三款情形外,当年不作调整。

白云电子总公司分别设立了育泽分公司和立新分公司,2020年第二季度的利润为:白云总机构2000万元,育泽分公司1200万元,立新分公司1500万元。2017年度各个分支机构的三项因素分布如表5-10所示。

表5-10 2017年度各个分支机构的三项因素分布　　　单位:万元

分公司	营业收入	占比	工资总额	占比	资产总额	占比
育泽分公司	3600	44.44%	280	45.16%	7300	44.24%
立新分公司	4500	55.56%	340	54.84%	9200	55.76%
合计	8100	100.00%	620	100.00%	16500	100.00%

计算2020年第二季度白云电子总分机构的应纳所得税额。

筹划分析:

首先,计算第二季度汇总预缴的应纳所得税额。

应纳所得税额=(2000+1200+1500)×25%=1175(万元)

白云总机构缴纳所得税=1175×50%=587.5(万元)

其分支机构缴纳所得税=1175×50%=587.5(万元)

其次,将分支机构的应纳所得税额在两个公司进行分配。

育泽分公司分摊比例=0.35×44.44%+0.35×45.16%+0.3×44.24%≈44.63%

立新分公司分摊比例=0.35×55.56%+0.35×54.84%+0.3×55.76%≈55.37%

育泽分公司缴纳所得税=587.5×44.63%≈262.2(万元)

立新分公司缴纳所得税=587.5×55.37%≈325.3(万元)

对总分机构进行纳税筹划，可以采取以下几个方法。

① 总机构处于亏损，分公司处于盈利，且不具有生产经营性质，合并利润可以少缴纳企业所得税。

召栋总公司2020年度亏损500万元，其第一分公司盈利300万元，第二分公司不具有生产经营性质，总分公司合并利润后为-200万元，仍处于亏损状态，那么总公司和第一、第二分公司均无须缴纳企业所得税。

② 不在同一县市的总分公司企业所得税率有差别，通过利润转移，减少企业所得税。

富贵总公司企业所得税税率为25%，其承天分公司享受税收优惠，企业所得税税率为20%，且具有生产经营性质。总分公司不在同一县市。富贵总公司2020年度向承天分公司销售产品1000件，单价25元，企业成本15元；分公司对外销售价为35元。计算总分公司的应纳所得税额。

筹划分析：

富贵总公司应纳所得税额=（25-15）×1000×25%=2500（元）

承天分公司应纳所得税额=（35-25）×1000×20%=2000（元）

总分公司的应纳所得税额合计=2500+2000=4500（元）

如富贵总公司在将产品移送承天分公司时，实行内部优惠价销售，单价为20元。在不考虑其他费用的情况下，再来计算总分公司的应纳所得税额。

富贵总公司应纳所得税额=（20-15）×1000×25%=1250（元）

承天分公司应纳所得税额=（35-20）×1000×20%=3000（元）

总分公司的应纳所得税额合计=1250+3000=4250（元）

③ 分公司不具有生产经营性质，无须在分公司所在地缴纳企业所得税，利于资金周转。

案例 14

锂京总公司设立晓燕分公司,不具有生产经营性质。2020年第三季度合并后利润为100万元,如果使晓燕分公司的收入、工资和资产的分配比例为零,那么预缴企业所得税时,锂京总公司预缴50%,所得税为25(100×25%)万元,晓燕分公司不具有生产经营性质,不需要在当地预缴所得税,则可以节约一笔税款,利于资金周转。

5.4.3 企业分立筹划

既然小型微利企业享有国家规定的优惠税率,那么有些企业可以考虑通过分拆企业的办法,满足小微企业条件,享受小微企业优惠,实现节约税负。

分立是指一个企业按照法律的规定,将部分或全部业务或资产分离出去,分化成两个或两个以上新企业。

分立有两种情况:一是原企业解散,成立两个或两个以上的新企业;二是原企业将部分部门、业务、生产线、资产等剥离出来,组成一个或几个新公司,而原企业继续存在。

案例 15

海头公司2019年度实现利润为360万元,企业所得税率为25%,其应纳所得税额为:360×25%=90(万元)。

如果在2019年初对公司进行分拆,分为甲公司和乙公司,总的利润仍为360万元,甲公司实现利润为270万元,乙公司实现利润为90万元。

根据2019年的税法规定,对年应纳税所得额不超过100万元的部分,减按25%计入应纳税所得额,按20%的税率缴纳企业所得税;对年应纳税年得额超过100万元但不超过300万元的部分,减按50%计入应纳税所得额,按20%的税率缴纳企业所得税。那么:

甲公司的企业所得税为:270×50%×20%=27(万元)

乙公司的企业所得税为:90×25%×20%=4.5(万元)

两家公司合计税负为:27+4.5=31.5(万元),比原公司降低了58.5(90-31.5)万元。

5.4.4 设立地点筹划

很多明星都有自己的影视公司,但有个非常奇怪的现象,就是不管明星身居何处,都喜欢把公司注册在遥远的霍尔果斯或喀什。他们为什么不选择北京或上海,却选择经济薄弱的新疆呢?其最主要的原因就是利用国家对新疆地区的政策扶持,达到节税的目的。

霍尔果斯市处于"一带一路"倡议核心区域,是国家重点扶植特殊经济开发区、西部大开发未来最具活力的经济增长点,是我国对中亚、欧洲贸易的重要窗口。《财政部 国家税务总局关于新疆喀什霍尔果斯两个特殊经济开发区企业所得税优惠政策的通知》(财税〔2011〕112号)制定了有关在该地设立企业的所得税优惠政策,具体是:

2010年1月1日至2020年12月31日,对在开发区内新办的属于《新疆困难地区重点鼓励发展产业企业所得税优惠目录》范围内的企业,自取得第一笔生产经营收入所属纳税年度起,5年内免征企业所得税。

免税期满后,再免征企业5年所得税地方分享部分,采取以奖代免的方式,由开发区财政局将免征的所得税地方分享部分以奖励的方式对企业进行补助。

这就意味着在霍尔果斯设立公司,可以享受10年的税收优惠。尤其是前5年,企业所得税全免。要知道,艺人或经纪人的公司是低成本高回报的运作,巨大的利润免征企业所得税,绝对是一笔巨大的财富。

以电影《战狼2》为例,如图5-11所示。

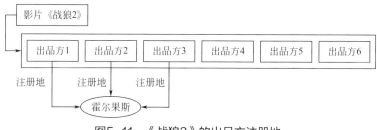

图5-11 《战狼2》的出品方注册地

6家主要的出品方中,有3家出品方的公司设立在了霍尔果斯。这就是设立地点的纳税筹划。企业充分运用区域税收政策,尽量创造条件使企业符合税收优惠标准,从而享受优惠政策。

(1)选择注册地

《中华人民共和国企业所得税法》第五十条第一款规定:"除税收法律、行政法规另有规定外,居民企业以企业登记注册地为纳税地点;但登记注册地在境外的,以实际管理机构为纳税地点。"所以纳税人可以将其登记注册地点设立在享受税收优惠的地区。

根据税法规定,我国企业所得税优惠的地区及其优惠政策主要包括:

① 民族自治地方的自治机关对本民族自治地方的企业应缴纳的企业所得税中属于地方分享的部分,可以决定减征或免征。自治州、自治县决定减征或免征的,须报省、自治区、直辖市人民政府批准。

② 在国家确定的革命老区、根据地、少数民族居住地、边远山区、贫困地区的新办企业,减征或免征所得税3年。

③ 国务院批准的高新技术产业开发区内的高新技术企业,可以按15%的税率征收所得税,新办的高新技术企业,自投产年度起两年内免征所得税。

④ 特定地区的投资优惠。在法律设置的发展对外经济合作和技术交流的特定区(即经济特区)内,以及国务院已规定执行上述地区特殊政策的地区(如上海浦东新区)内新设立的国家需要重点扶持的高新技术企业,可以享受过渡性优惠;继续执行国家已确定的其他鼓励类企业(如西部大开发地区的鼓励类企业)的所得税优惠政策。

这些区域都有不同的税收优惠政策,这为选择注册地进行纳税筹划提供了空间。企业注册时,可以考虑自身的特点,创造条件使企业符合税收优惠标准,从而享受优惠政策。

案例 16

2020年年初同峰制造厂欲新设一家全资子公司,若在本地区设立,企业所得税的适用税率为25%,但交通方便。若在开发区设立,位置稍远点,但可享受"三免两减半"政策,即企业所得税三年免税,两年减半。同峰制造厂在开发区注册了子公司,当年获利500万元,企业所得税全免。若在本地区,须缴纳企业所得税125(500×25%)万元。

(2)分支机构选择注册地

无论子公司还是分公司,在注册时若选择税收优惠的地区,都能给母公司或总公司带来一定的税收优惠。

如果子公司与母公司之间没有业务，那么母公司可能享受不到子公司的税收优惠。从纳税筹划考虑，可以让母、子公司产生业务，以节约税收。当子公司与母公司进行一定幅度的转移定价，母公司便可以将利润转移到子公司，从而享受到子公司注册地的税收优惠。

分公司不是独立法人，只能同总公司作为一个总的纳税主体，将其成本、损失、所得并入总公司纳税。从税收的角度，对于分支机构，可以先采用分公司的形式，令其损失抵消总公司的所得，减少所得税。然后，再视其盈利状况，考虑采用将分公司转变为子公司，享受子公司注册地的税收优惠。

案例17

明哲公司在灌南设立了全资子公司。2020年明哲公司采取内部优惠价将产品销售给羊寨子公司，转移利润300万元。明哲公司适用税率为25%，羊寨子公司适用税率为15%，那么2020年明哲公司节约税收为30［300×（25%-15%）］万元。

5.5 对外捐赠的纳税筹划

5.5.1 对外捐赠的税法规定及纳税筹划

《中华人民共和国企业所得税法》第九条规定："企业发生的公益性捐赠支出，在年度利润总额12%以内的部分，准予在计算应纳税所得额时扣除；超过年度利润总额12%的部分，准予结转以后三年内在计算应纳税所得额时扣除。"它包含了以下信息。

① 对外捐赠的目的必须是公益性的。企业对某个人、某个企业、某个机关的捐赠或赞助，不属于公益捐赠。

② 对外捐赠的途径必须是公益性的。公益性捐赠是指企业通过公益性社会团体或者县级以上人民政府及其部门，用于《中华人民共和国公益事业捐赠法》规定的公益事业的捐赠。如果直接向受灾对象捐赠，是不能在所得税前扣除的。

③ 对外捐赠不能超过年度利润总额的12%。

④ 对外捐赠超过限额的，准予在以后三个年度内扣除。这是2017年2月24日修改后的企业所得税法的规定，实际上是放宽了企业捐赠的额度。

5.5.2 特殊时期对外捐赠税法规定及纳税筹划

为支持新型冠状病毒感染的肺炎疫情防控工作，国家税务总局在2020年年初连续出台了第4、第6、第8、第9、第10号文等系列文件，支持企业在疫情期间的对外捐赠。《财政部 税务总局关于支持新型冠状病毒感染的肺炎疫情防控有关捐赠税收政策的公告》（2020年第9号）规定：

① 企业和个人通过公益性社会组织或者县级以上人民政府及其部门等国家机关，捐赠用于应对新型冠状病毒感染的肺炎疫情的现金和物品，允许在计算应纳税所得额时全额扣除。

② 企业和个人直接向承担疫情防治任务的医院捐赠用于应对新型冠状病毒感染的肺炎疫情的物品，允许在计算应纳税所得额时全额扣除。捐赠人凭承担疫情防治任务的医院开具的捐赠接收函办理税前扣除事宜。

③ 企业和个体工商户将自产、委托加工或购买的货物，通过公益性社会组织和县级以上人民政府及其部门等国家机关，或者直接向承担疫情防治任务的医院，无偿捐赠用于应对新型冠状病毒感染的肺炎疫情的，免征增值税、消费税、城市维护建设税、教育费附加、地方教育附加。

④ 国家机关、公益性社会组织和承担疫情防治任务的医院接受的捐赠，应专项用于应对新型冠状病毒感染的肺炎疫情工作，不得挪作他用。

⑤ 本公告自2020年1月1日起施行，截止日期视疫情情况另行公告。

值得关注的是：

① 延长了公告适用范围。第9号文公告发布于2020年2月6日，但该公告第五条明确规定本公告的施行日期为2020年1月1日。

② 对外捐赠的目的必须是支持新型冠状病毒感染的肺炎疫情防控工作。

③ 对外捐赠的途径必须是公益性的，但捐赠途径扩大了范围，增加了"承担疫情防治任务的医院"这一途径，而非任何医院。捐赠给医院的非现金或其他物品，只能是应对疫情的物品。

④ 对外捐赠的限额没有了"年度利润总额的12%"的限制。

⑤ 对外捐赠不只享受企业所得税的优惠政策，增值税、消费税及附加税等都享受优惠政策。

优至企业管理公司2020年和2021年预计年度利润分别为50万元和40万元,针对新型冠状病毒感染的肺炎疫情,优至公司决定购买10万元医用物资无偿捐赠。现提出3种方案:一是2020年2月直接捐给某灾区;二是通过省级民政部门捐给某灾区;三是2020年2月通过省级民政部门捐赠6万元医用物资,2021年再捐赠4万元。

筹划分析:

第一种方案未经特定的机构捐赠,所捐物资不得在税前扣除。

第二种方案通过省级民政部门捐赠10万元物资,允许在计算应纳税所得额时全额扣除,且免征增值税、消费税、城市维护建设税、教育费附加、地方教育附加。

第三种方案分两年进行捐赠,显然没有必要。

由以上可见,该企业若采取第二种方案,应缴纳的企业所得税最少。

免征税收只包括增值税、消费税、城市维护建设税、教育费附加、地方教育附加。上述税种之外的税费,还是要按照实物价值如实纳税。

第 6 章

个人所得税
——纳税筹划立竿见影

个人所得税法是调整征税机关与自然人之间,在个人所得税的征纳与管理过程中所发生的社会关系的法律规范的总称。个人所得税的筹划依然是将纳税人、计税依据和税率作为筹划的重点。

6.1 常见的节税方法

6.1.1 将个人收入转为企业费用

将企业应支付给个人的一些福利性收入，由直接付给个人转换为提供公共服务。这样的形式既不会扩大企业的支出总规模、降低个人薪酬，又能使个人避免因直接收入的增加而多缴纳一部分所得税。

这种方法实际上把个人应税所得变成了个人直接消费，以合理规避一部分个人所得纳税。

硕方建筑公司为所有外来员工提供住宿条件，具体做法是，给每位员工每月房租补贴1000元，直接在工资表上反映。绝大部分员工的工资加房租补贴后，都超过了个税起征点。请问该如何筹划个人所得税？

筹划分析：

通过调查工资表发现，若是不加上1000元房租补贴，至少有一半员工的工资达不到起征点。所以，个税策划的关键是房租问题。建议公司直接与房东签订租房协议，由公司支付给房东房租，不再付给员工房租补贴。这样员工就不必缴纳或少缴纳个人所得税了。

6.1.2 将日常费用转为差旅费等进行报销

差旅费补贴是因出差而产生的，在规定的标准内，直接填写在差旅费报销单上，可以免征个人所得税。

每个企业都会因工作需要为个人负担通信出差费用，采取全额或限额实报实销的，可以在规定标准范围内，凭合法凭证报销，不计入个人当月工资、薪金收入征收个人所得税。或者直接由企业为员工办理手机号，户名是企业名称，也可以直接报销费用，无须缴纳个人所得税。

员工夏季防暑降温清凉饮料费，若随工资发放要缴纳个人所得税，若以报销形式可以不计税。

员工离职时领取的离职补偿金在当地员工年平均工资3倍以内的可以免缴个人所得税。

6.1.3 酌情改变薪酬分发惯例

大部分企业都是上半年发常规薪酬,下半年发年终奖或双工资等。这样的惯例从2019年开始将会变得不合理,因为此后的个人所得税将采用按年度免税额计税的方法,个人所得税的多少取决于年度总收入,企业在上半年发放一些大额度奖金,不会因此多交税,还可以让员工早点拿到钱存点利息。

比如：A员工2020年2月底收到2万元年终奖预兑现,存入理财账户,按照年化收益率3.65%计算,每天可收益2元,到12月底时,已额外收获610（305天×2元/天）元利息。如果A员工2020年12月底收到2万元年终奖,则不能获得610元利息。当然,这种策划的前提是,企业资金宽裕,早给职工发奖金,企业势必要流失一部分资金。

6.1.4 调节年终奖与工资进行纳税筹划

一般企业的年终奖都会在年终发放。但在发放年终奖时,要充分考虑个人所得税七级超额累进这一计算方法的特点,并充分利用这一特点进行纳税筹划,可以为员工节省个人所得税。

案例 2

淑新女士专项附加扣除免税额度为4.8万元/年,扣除社保个人缴费后,1至12月工资收入15万元,12月月底年终奖收入5万元。

筹划分析：

先核算一下淑新女士全年的个人所得税。

淑新女士的应税工资所得＝150000－48000－60000＝42000（元）。

其工资应缴纳的个人所得税＝36000×3%+6000×10%＝1680（元）。

淑新女士的年终奖为5万元,那么应缴纳的个人所得税＝50000×10%－210＝4790（元）。

淑新女士合计缴纳个人所得税＝1680+4790＝6470（元）。

现在对淑新女士的个人所得税进行筹划,将其年终奖分为1.4万元和3.6万元。1.4万元计入工资,则:

淑新女士的应税工资所得＝150000+14000−48000−60000＝56000(元)。

其工资应缴纳的个人所得税＝36000×3%+20000×10%＝3080(元)。

淑新女士的年终奖为3.6万元,那么应缴纳的个人所得税＝36000×3%＝1080(元)。

淑新女士合计缴纳个人所得税＝3080+1080＝4160(元)。

筹划之后,淑新女士的个人所得税下降了2310(6470−4160)元。

也可以反过来,若员工工资在扣除了专项扣除及专项附加扣除项目后,正好接近超额累进税额的某个级次,也可以将一部分工资转变到年终奖发放,前提是该员工的工资和年终奖的总个人所得税必须是最低的。

6.1.5　改变契约的个人所得税筹划

契约在生活中非常重要,也是计税的重要依据。如果改变了契约关系以及合同条款,也可能改变税负。例如,股东到公司借款,根据《财政部 国家税务总局关于规范个人投资者个人所得税征收管理的通知》(财税〔2003〕158号)规定,纳税年度内个人投资者从其投资的企业(个人独资企业、合伙企业除外)借款,在该纳税年度终了后既不归还,又未用于企业生产经营的,其未归还的借款就被认定为企业分配给股东的分红,然后对此进行征收个人所得税。

但是,如果采用合理的筹划手段,则可以减轻税负。例如,对董事长的个人借款,让其在年度终了时还上,然后在下一个年度再通过签订借款合同借出该笔款项。这种处理模式,要求董事长每年都要签订借款协议,使借款期限控制在一个纳税年度。此外,还可以采用更换借款人的方法,在借款时就转变当事人(契约方),让董事长的朋友(非股东身份)办理个人借款,从而摆脱上述政策的约束,即使借款超过一个纳税年度也不用缴纳任何税款。

6.1.6　借助公益捐赠的个人所得税筹划

当个人应纳税所得额达到个人所得税标准时,也可以通过公益捐赠增加支出进行个人所得税筹划。个人将其所得通过中国境内的社会团体、国家机关向教育和其他社会公益事业以及遭受严重自然灾害地区、贫困地区的捐赠,金额未超过纳税人申报的应纳税所得额30%的部分,可以从其应纳税所得额中扣除。

这里要注意的是，公益捐赠必须通过合法的机构，对外捐赠的途径必须是公益性的。公益性社会组织一般是指公益性社会团体或者县级以上人民政府及其部门。如果直接向受灾对象捐赠，是不能在税前扣除的。

6.1.7 合规发票有助于节税

凡是以现金形式发放各种补贴（通信补贴、交通费补贴、午餐补贴）的，视为工资、薪金所得，计算缴纳个人所得税。凡是根据经济业务发生，并取得合法发票实报实销的，属于企业正常经营费用，不需要缴纳个人所得税。也就是说，如果我们直接收到公司以上类别的现金补贴，则需要缴纳个人所得税。如果以合理的票据进行报销，则不需要缴纳个人所得税。

值得注意的是，有些企业或个人为了节约个人所得税，刻意去乱开发票，这种方法并不可取，不但失去了业务的真实性，而且不便于准确核算企业的成本费用。可以提醒员工，注意搜集自己的日常开支，比如公交费、打的费、住宿费、餐费、汽油费等，这些发票容易被忽略获取。还要注意两点：一是发票的内容要与公司业务有关，莫将个人的生活开支如家庭用的房租费、煤气费、水电费、买菜购米费用等，一股脑儿地都拿到公司来报销顶票；二是发票的时效性，莫将去年或几年前的发票拿来报销。

6.1.8 转换居民纳税义务人与非居民纳税义务人的身份进行筹划

个人所得税根据纳税人的住所和在中国境内居住的时间，分为居民纳税人和非居民纳税人。居民纳税义务人就其来源于中国境内和境外的全部所得缴纳个人所得税；而非居民纳税义务人仅就其来源于中国境内的所得，向中国缴纳个人所得税。显然，非居民纳税义务人将会承担较轻的税负。鉴于两种纳税人的税收政策不同，纳税人若能把握好，便可以进行纳税筹划。

利用居民身份和非居民身份来减轻税负的主要方法包括以下三种。

① 根据税法规定的纳税人居住时间标准进行筹划。

利用临时离境的规定，安排好离境的时间，使纳税人成为非居民纳税人，便可以减轻税负。

根据规定，居住在中国境内的外国人、海外侨胞、香港、澳门及台湾同胞，如果在一个纳税年度内，一次离境超过30日或多次离境累计超过90日的，简称"90天规则"，将不视为全年在中国境内居住。若符合这一规定，纳税人便可以仅就其来源于中国境内的所得缴纳个人所得税。

一位美国工程师受雇于美国总公司，从2019年10月起到中国境内的分公司帮助筹建某工程。2020年，他曾离境50天回国向其总公司述职，又离境30天回国探亲。2020年度他除领取了在中国境内的工作薪金外，还领取了在总公司的工作薪金96000元。请对这位工程师的收入进行个人所得税筹划。

筹划分析：

工程师两次离境的时间相加为80天，未超过90天。因此，该美国工程师属于居民纳税义务人。假如不考虑来自中国境内的所得，还应当缴个人所得税7080（36000×3%+60000×10%）元。

如果该工程师可因公离境或者探亲再增加10天，即可成为非居民纳税人，可以仅就中国境内的所得纳税。而从美国总公司取得的96000元可以经过主管税务机关批准后不缴纳个人所得税。从而合理利用"非居民纳税人"身份节约了在中国境内应纳的个人所得税7080元。

注意居住时间的其他规定，具体如下。

第一，不足90天（或183天），只就来源于我国境内的所得征税。

第二，满1年的计算，从每个公历年度的1月1日至12月31日止。

第三，在5年的时间内连续居住满5年，从第6年起按居民纳税人纳税。

第四，在第6年以后的年度里，如果某年在境内居住不满90天，5年期要重新计算。

第五，在华工作期间，包括在境内外享受的公休假日、个人休假日以及接受培训的天数。

② 利用纳税人住所的有关规定进行筹划。利用住所的有关规定，改变国籍变更住所，进行合理避税。确定纳税人住所的标准在于明确纳税人是否有在我国长期居住的权利，以及该纳税人是否想在我国长期居住，是否拥有居住意愿。

③ 利用我国与世界其他国家签订的双边或多边税收协定，争取享受税收饶让（tax sparing）等优惠政策。

6.2 专项附加扣除的纳税筹划

6.2.1 准确把握扣减项目

新的个人所得税政策,增加了专项附加扣除事项,为个人所得税筹划带来了益处。为了便于记忆,个人所得税的专项附加扣除可以概括成一句话,即:3家1老1小1己,具体如表6-1所示。

表6-1 个人所得税的专项附加扣除含义

类别	含义
3家	3项与家庭相关的,分别是:住房租金800~1500元/月免税额度;住房贷款利息1000元/月免税额度;大病医疗自付部分超过1.5万元后,在8万元以内据实免税额度
1老	1项与老人相关的,是赡养老人,2000元/月免税额度
1小	1项与小孩相关的,是子女教育,每个子女1000元/月免税额度
1己	1项与自己相关的,即继续教育,学历教育4800元/年、技能教育3600元/年的免税额度

以上是专项附加扣除。需要注意的是,专项附加扣除与专项扣除是两个概念,不要混为一谈。专项扣除包括居民个人按照国家规定的范围和标准缴纳的基本养老保险、基本医疗保险、失业保险等社会保险费和住房公积金等。

值得注意的是,除基本养老保险、基本医疗保险、基本生育保险、住房公积金不征收个人所得税外,其他保险也实现个人所得税筹划。比如,个人在规定范围内购买的符合规定的商业健康保险支出,应在当月或当年计算应纳税所得额时予以税前扣除。

6.2.2 子女教育专项附加扣除的纳税筹划

子女教育专项附加扣除为标准定额扣除,其标准为每个子女每年12000元(每月1000元),随着子女数量的增加,扣除标准可以增加。

子女教育支出包括学前教育和学历教育的相关支出。学前教育包括年满3岁至小学入学前教育,这里需说明的是,孩子未满3岁是不能享受子女教育支出扣除的。学历教育包括义务教育(小学和初中教育)、高中阶段教育(普通高中、中等职业教育)、高等教育(大学专科、大学本科、硕士研究生、博士研究生教育)。对于高中及以后阶段的教育，只有在子女接受教育时才允许扣除，未接受相关教育不得扣除。

子女参加工作后，在工作期间发生的继续教育支出，可以由子女按照继续教育支出在税前扣除，也可以由父母按照子女教育支出扣除，但不得同时扣除。根据规定，纳税人在中国境内接受学历（学位）继续教育的支出，在学历（学位）教育期间按照每月400元定额扣除。同一学历（学位）继续教育的扣除期限不能超过48个月。

那么，在成人教育方面，是选择员工自己来扣除，还是选择父母来扣除，便有了一定的筹划空间。

① 若选择父母扣除，则扣除比例为：受教育子女的父母分别按扣除标准的50%扣除；经父母约定，也可以选择由其中一方按扣除标准的100%扣除，一年可以扣除12000元。具体扣除方式在一个纳税年度内不得变更。

② 若选择子女扣除，一年最多只能扣除4800元。

③ 如果父母收入高，可选择父母扣除；如果子女收入高，可以选择子女扣除。

④ 如果夫妻双方收入水平接近，可以考虑各扣除50%，如果双方收入相差悬殊，应选择由收入高的一方全额扣除。

6.2.3 继续教育专项附加扣除的纳税筹划

纳税人接受技能人员职业资格继续教育、专业技术人员职业资格继续教育支出，在取得相关证书的年度，可按照每年3600元定额扣除。当一个人有多个考证需求时，如果一起考证，只能按照3600元定额扣除。若是分年度逐项来考取，可以充分享受每年的继续教育专项扣除。

如果对个人收入走势有一定把握能力的话，也可以选择在收入高的年度参加技能人员职业资格及专业技术人员职业资格的考试。

6.2.4 大病医疗专项附加扣除的纳税筹划

纳税人大病医疗如果超过1.5万元，则专项附加扣除可以在8万元限额内据实扣除。

如果纳税人大病医疗扣除额远超8万元，可以考虑将手术放在年底做，跨越两个年度，相当于限额提高到16万元，可以减轻个人负担。当然，这里需要慎重的有两点：一是要根据病情来确定医疗的时间，纳税筹划必须服从于医疗的需要；二是在第一年年底时要设法结算一次费用，便于在当年年底实行专项扣除。

6.2.5 住房借款利息专项附加扣除的纳税筹划

根据规定，纳税人本人或者配偶单独或者共同使用商业银行或者住房公积金个人住房贷款为本人或者其配偶购买中国境内住房，发生的首套住房贷款利息支出，在实际发生贷款利息的年度，按照每月1000元的标准定额扣除，扣除期限最长不超过240个月。纳税人只能享受一次首套住房贷款的利息扣除。

这里的纳税筹划主要是在夫妻双方如何选择扣除上。很显然：一是谁的收入高，扣除谁的工资收入；二是夫妻二人收入相当，可以各承担50%，也可以根据夫妻二人的实际工资具体测算一下，如何扣除能使个人所得税最少。

6.2.6 住房租金专项附加扣除的纳税筹划

相比于其他几项专项扣除都需要提供正规的各种证明而言，住房租金相对要容易些，只需要住房租赁合同或协议即可，这样便有了一定的筹划空间。

如果纳税人住的是父母或亲友的房子，是无偿提供的，那么，只要父母或亲友与纳税人签一份租房协议，便可以享受住房租金的专项扣除。当然，这种租房协议一旦产生后，父母或亲友可能要承担增值税（在一定限额内，增值税可以减免，各种附加税也同时减免）、印花税、土地使用税、房产税和个人所得税。这时要对双方的纳税进行比较，看孰高孰低。若是合算的，则需要采取这个方法。若是不合算，则没必要采取这种方法。

6.2.7 赡养老人专项附加扣除的纳税筹划

根据规定，独生子女每月可以扣除2000元，非独生子女应当与其兄弟姐妹分摊每年24000元（每月2000元）的扣除额度，分摊方式包括平均分摊、被赡养人指定分摊或者赡养人约定分摊。分摊方式确定后一年内不得变更。这条规定至少包括以下内容。

① 无论兄弟姐妹多少人，其兄弟姐妹分摊赡养老人专项附加扣除总额为每年24000元，每月2000元。

② 兄弟姐妹中一人分摊最高限额为每年12000元（每月1000元）。

③ 采取指定分摊或约定分摊方式的，应签订书面分摊协议。

④ 指定分摊与约定分摊不一致的，以指定分摊为准。

⑤ 纳税人赡养2个及以上老人的，不按老人人数加倍扣除，即赡养老人专项附加扣除无论有几个老人每年只能扣除24000元（每月2000元）。

⑥ 具体分摊方式一经确定在一个纳税年度内不得变更。

对非独生子女赡养老人专项附加扣除的纳税筹划，主要取决于各个子女的收入水平。显然，收入高的子女扣除多可以节税，收入少的子女可以不用扣除。

6.3 住房公积金的纳税筹划

根据国家税务总局规定，企业和个人分别在不超过员工本人上一年度月平均工资12%的幅度内，其实际缴存的住房公积金，允许在个人应纳税所得额中扣除；企业和员工个人缴存住房公积金的月平均工资不得超过员工工作地所在设区城市上一年度员工月平均工资的3倍，具体标准按照各地有关规定执行；个人实际领（支）取原提存的住房公积金时，免征个人所得税。根据《住房公积金管理条例》第三条的规定，"职工个人缴存的住房公积金和职工所在单位为职工缴存的住房公积金，属于职工个人所有"。

于是，我们便可以利用住房公积金的政策，来进行个人所得税的纳税筹划了。

当员工的工资超过个人所得税的最低基数时，企业可以充分利用税收政策，提高缴纳住房公积金，给予员工更高的福利政策。主要做法就是在税收政策允许的范围内，调整员工缴纳住房公积金的比例和缴纳基数。具体来说，可以从以下3种情况筹划不缴纳或少缴纳个人所得税，如图6-1所示。

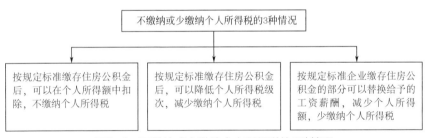

图6-1　不缴纳或少缴纳个人所得税的3种情况

6.4 补充养老保险的纳税筹划

根据国家有关政策规定的办法和标准，为在本企业任职或者受雇的全体员工缴付的企业年金或职业年金（以下统称年金）企业缴费部分，在计入个人账户时，个人暂不缴纳个人所得税。

在企业为员工缴纳补充养老保险金时，需要注意以下两点，如图6-2所示。

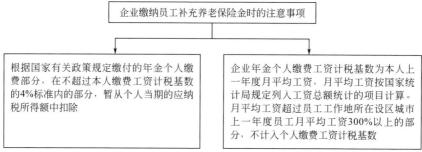

图6-2 企业缴纳员工补充养老保险金时的注意事项

职业年金个人缴费工资计税基数为员工岗位工资和薪级工资之和。员工岗位工资和薪级工资之和超过员工工作地所在设区城市上一年度员工月平均工资300%以上的部分，不计入个人缴费工资计税基数。

所以，企业可以适当通过建立职业年金账户，以减少缴纳个人所得税。

6.5 年终奖的纳税筹划

6.5.1 年终奖的定义

税法上对年终奖是这样定义的，年终奖是指全年一次性奖金，是指行政机关、企事业单位等扣缴义务人根据其全年经济效益以及对员工年度的工作业绩进行综合考核后，向员工发放的一次性奖金。年终奖并不限于年终发放，是指一年发放一次的综合性奖金。

年终奖包括年终加薪、实行年薪制和绩效工资考核办法的企业根据考核情况兑现的年薪和绩效工资。年终奖不包括半年奖、季度奖、加班奖、先进奖、考勤奖等。

6.5.2 年终奖的个人所得税计算办法

《国家税务总局关于调整个人取得全年一次性奖金等计算征收个人所得税方法问题的通知》（国税发〔2005〕9号）规定，纳税人取得全年一次性奖金，单独作为一个月工资、薪金所得计算纳税，并按以下计税办法，由扣缴义务人发放时代扣代缴。

（1）确定适用税率和速算扣除数

首先，将员工当月内取得的全年一次性奖金，除以12个月，根据其商数来确定适用税率和速算扣除数。

其次，若在发放年终一次性奖金的当月，员工当月工资薪金所得低于税法规定的费用扣除额，应将全年一次性奖金减除"员工当月工资薪金所得与费用扣除额的差额"后的余额，按上述办法确定全年一次性奖金的适用税率和速算扣除数。

（2）个税的计算方法

将员工个人当月内取得的全年一次性奖金，按上述确定的适用税率和速算扣除数计算征税，计算公式如下。

① 若员工当月工资薪金所得高于（或等于）税法规定的费用扣除额的，适用公式如图6-3所示。

应纳税额＝员工当月取得全年一次性奖金×适用税率-速算扣除数

图6-3　应纳税额计算公式1

② 如果员工当月工资薪金所得低于税法规定的费用扣除额的，适用公式如图6-4所示。

应纳税额=(员工当月取得全年一次性奖金-员工当月工资薪金所得与费用扣除额的差额)×适用税率-速算扣除数

图6-4　应纳税额计算公式2

（3）2019年新个人所得税下的年终奖规定

《财政部　国家税务总局关于个人所得税法修改后有关优惠政策衔接问题的通知》（财税〔2018〕164号）中的"关于全年一次性奖金、中央企业负责人年度绩效薪金延期兑现收入和任期奖励的政策"规定：

居民个人取得全年一次性奖金，符合《国家税务总局关于调整个人取得全年一次性奖金等计算征收个人所得税方法问题的通知》（国税发〔2005〕9号）规定的，在2021年12月31日前，不并入当年综合所得，以全年一次性奖金收入除以12个月得到的数额，按照本通知所附按月换算后的综合所得税率表（以下简称月度税率表），确定适用税率和速算扣除数，单独计算纳税。计算公式如

图 6-5 所示。

$$应纳税额＝全年一次性奖金收入×适用税率-速算扣除数$$

图6-5 应纳税额计算公式3

居民个人取得全年一次性奖金，也可以选择并入当年综合所得计算纳税。

自2022年1月1日起，居民个人取得全年一次性奖金，应并入当年综合所得计算缴纳个人所得税。

上述政策表明，新个人所得税下，个人年终奖的计算原理平移了以前个税计算原理，不过纳税人有权选择使用或者不使用；不用再减当月收入不足扣除费用（2018年10月1日后为5000元）的差额后再除以12个月。

6.5.3 年终奖的个人所得税分水岭

为了便于分析年终奖在不同阶段存在的个人所得税陷阱，我们以具体案例来分析，找出年终奖在不同阶段的个人所得税差异，也就是确定年终奖的分水岭。

案例 4

假若朱刚先生2019年工薪报酬为取得代扣专项扣除后的工资80000元，专项附加扣除10000元，那么：

朱刚先生2020年的应纳税所得额＝80000-60000-10000＝10000（元）

适用3%税率，汇算清缴应纳税额为300（10000×3%）元。

① 假设2019年朱刚先生的年终奖为36000元，纳税人选择单独纳税：36000÷12＝3000（元）

朱刚先生2019年应纳个人所得税为1080（36000×3%）元。

② 假设朱刚先生取得2019年的年终奖为36001元，纳税人选择单独纳税：36001÷12≈3000.08（元）

朱刚先生2019年应纳个人所得税为3390.1（36001×10%-210）元。

第①种情况和第②种情况间的差额为2310.1（3390.1-1080）元。

经过测算，朱刚先生2019年由于多领了1元年终奖，需要多缴个税2310.1元！

当然，年终奖不只是36000元存在分水岭，还有多个分水岭。财务人员适当进行纳税筹划，便可节约税收，减轻员工的个人所得税负担。

6.6 劳务报酬个人所得税纳税筹划

根据最新个人所得税税法规定,劳务报酬所得应并入综合所得计征个人所得税。但在实际征管中采取的是预缴和汇算清缴的方法,扣缴义务人在向个人支付劳务报酬所得时,应当按照以下方法按次或者按月预扣预缴税款。

① 劳务报酬所得以收入减去费用后的余额为收入额。

② 劳务报酬所得以每次收入不超过4000元的,减除费用按800元计算;每次收入超过4000元的,减除费用按收入的20%计算。

③ 劳务报酬所得以每次收入额为预扣预缴应纳税所得额,计算应预扣预缴税额。

④ 居民个人办理年度汇算所得汇算清缴时,应当依法计算劳务报酬所得收入额,并入年度综合所得计算应纳税额,税款多退少补。

根据这一预扣预缴方法,纳税人应尽量降低每次劳务报酬的数量,从而可以降低预扣预缴的税款税额。

6.6.1 降低劳务报酬额进行筹划

劳务报酬与工资薪金所得不同。工资薪金所得是企业发放给本企业员工的收入,前提是企业与员工之间签有劳动合同;劳务报酬是企业支付给提供劳务者的报酬,提供劳务的个人与企业签有劳务合同。在不影响实际劳务报酬的情况下,可以降低劳务报酬来减少个人所得税。

淑萍女士是知名税务专家,每年在全国巡讲,邀请企业支付淑萍女士课酬6万元,各种费用由淑萍女士自己负担,假设每次讲座的交通费、住宿费、餐饮费等1万元。请对淑萍女士的个人所得税进行筹划。

筹划分析:

根据案例给出的数据,邀请企业需要预扣预缴淑萍女士劳务报酬的个人所得税为:

$$60000 \times (1-20\%) \times 30\% - 2000 = 12400(元)$$

淑萍女士自己付出的各种费用未能起到抵税的作用。

假如，淑萍女士与邀请企业达成协议，淑萍女士的1万元差旅费等费用由邀请企业负担，邀请企业只支付淑萍女士5万元课酬，这种情况下，淑萍女士的实际报酬并未减少，那么邀请企业需要预扣预缴淑萍女士劳务报酬的个人所得税为：

$$50000 \times (1-20\%) \times 30\% - 2000 = 10000（元）$$

这样，淑萍女士便少缴纳个人所得税2400（12400-10000）元。

6.6.2　分解劳务报酬额进行筹划

劳务报酬所得是以每次收入额为预扣预缴应纳税所得额，来计算个人所得税的。显然，每次的报酬越高，所承担的个人所得税也越高。如果将一次性收入分解为多次，那么每一次的个人所得税便会减少。虽然进行年度汇算清缴时，总的个人所得税是一样的，但能起到少占用资金的作用。

案例 6

旭艳女士为某咨询公司顾问，2020年为某建筑公司担任税务顾问，合同约定劳务费全年6万元。假设旭艳女士2019年度综合所得应纳税所得额（包括6万元）为10万元。请为旭艳女士的个人所得税进行筹划。

筹划分析：

根据案例给出的数据，该建筑公司需要预扣预缴旭艳女士劳务报酬的个人所得税为：

$$60000 \times (1-20\%) \times 30\% - 2000 = 12400（元）$$

2020年度汇算清缴时，旭艳女士应纳个人所得税税额为：

$$100000 \times 10\% - 2520 = 7480（元）$$

旭艳女士应申请退税 = 12400 - 7480 = 4920（元）

如果旭艳女士与该公司签订合同时要求分月支付，共12次，每次0.5万元。那么该建筑公司需要预扣预缴旭艳女士劳务报酬的个人所得税为：

$$5000 \times (1-20\%) \times 20\% \times 12 = 9600（元）$$

2020年度汇算清缴时，旭艳女士应纳个人所得税税额为：

$$100000 \times 10\% - 2520 = 7480（元）$$

旭艳女士应申请退税 = 9600 - 7480 = 2120（元）

显然，比原方案少占用资金2800（4920-2120）元。

6.6.3 综合分析各类收入进行筹划

要想实现税后利润最大化,纳税人必须进行全面详细的纳税筹划,这也是国家鼓励的。同时纳税筹划对企业自身的发展,对社会的影响也是积极正面的。纳税筹划大都需要税前筹划,否则可能顾此失彼。

周明一家位于某市。周明已结婚生子,育有两个孩子,两个孩子均就读于全日制本科大学。周明还有一位姐姐,姐弟两人均在工作。周明父母均健在,老人已经年满70周岁,且都在老家安享晚年。最新个人所得税法实施后,周明想通过学习相关税法的内容进行一定空间的筹划来降低家庭负担。周明的主业为公司财务经理,年薪25万元,家中拥有一辆代步车,因周明业余时间爱好摄影,经常在空闲时间自己创作,也会有从事影视制作赚取劳务报酬的情况存在,周明的妻子在一家档案事务所工作,月薪4000元。

2020年周明因为工作表现突出,公司给予年终奖4万元,当年通过影视制作取得劳务报酬总计4.2万元。周明一家除上述收入外无其他相关收入来源,请问周明一家应该怎样筹划才能使他们所缴纳的个人所得税尽量少呢?

筹划分析:

如果周明不做任何筹划进行年终申报纳税,则周明的劳务报酬所得应与工资、薪金所得合并按综合所得进行申报纳税,周明的年终奖单独计税,子女教育专项附加扣除和妻子平均分摊扣除,赡养老人的专项附加扣除和姐姐平摊扣除,则周明会多缴纳很多没有必要的税款。对于周明一家的筹划可以分为以下几点。

一是对于工资、薪金的筹划。周明年薪25万元,扣除基本费用和专项附加扣除后依旧适用20%的个人所得税税率,税负相对较高,因此周明可以将自己家中的代步车转租给公司,租金5万元。然后由公司分配给周明使用,使得周明的5万元工资、薪金转化为租车收入,适用比例税率。这样一来,周明的工资、薪金收入降低,但是这并不足以使周明的工资、薪金适用于更低一层级的税率。

二是对于年终奖的筹划。我们可以了解到,在2019年和2020年这两年,纳税人可以自行选择是否将年终奖并入综合所得征收。此案例中,周明收到4万元年终奖,显然不应该并入综合所得征收,但是在年终奖超过3.6万元时税率将从3%提升到10%,会大大增加周明的税负,因此周明可以通过和公司协商,将剩下的4000元延迟到明年发放,这样周明的年终奖只需要按照3%的税率缴纳个人所得税。

三是对于专项附加扣除的筹划。周明的姐姐也在工作,自然也会对赡养老人申请专项附加扣除,因此周明只能和姐姐平均分摊赡养老人费用。但是在子女教育的专项附加扣除上,因周明的妻子工资、薪金并未达到5000元,并不需要缴纳个人所得税,因此也不需要专项附加扣除费用,所以可以将两个孩子的子女教育专项附加扣除全部由周明一个人来进行申报,以减少周明的应纳税所得额。

四是对于劳务报酬的筹划。如果将周明的劳务报酬与工资、薪金合并征收,无论周明对于工资、薪金怎样筹划,都无法将周明适用的20%税率降低到10%的税率,因此对劳务报酬的筹划至关重要。有以下两个思路。

思路一,因为周明的妻子月薪4000元,并未达到我国规定的基本扣除费用的上限,即全年周明的妻子还有高达1.2万元的免税额度。因此,周明可以在签订劳务报酬时,将妻子和他一起领取此项劳务报酬收入,正好弥补妻子1.2万元劳务报酬收入。在年终汇算清缴时,周明的妻子依旧不会交税,并且会退还之前的个人所得税预缴税额。周明扣除掉1.2万元的劳务报酬之后,再加上之前的工资、薪金筹划和专项附加扣除筹划,可以将综合所得适用的20%税率降低为10%,从而达到减轻生活负担的效果。

思路二,周明可以通过变换收入项目的形式,将劳务报酬所得变成经营所得收入,避免其加入综合所得,提升综合所得税率。建议周明可以建立一个影视制作工作室,将劳务报酬所得转化为经营所得,从而降低综合所得的适用税率,并且这部分劳务报酬所得的收入适用的经营所得税率也较低,但是适用的是10%。因为周明的劳务报酬所得已经超过3万元,所以如果想要进一步降低经营所得的税负,可以按照第一种方法,将劳务报酬合同变成周明的工作室和周明的妻子签订,将1.2万元变为妻子劳务报酬所得,剩下3万元为周明工作室收入,适用3%税率,这样可以最大限度地减少周明一家的税收负担,提高周明一家的生活水平。

6.7 债券投资的纳税筹划

这里所说的债券投资,不是一般的企业债券,而是指国债、教育储蓄、保险等。普通个人通过购买这类理财投资产品获得的收益是不需要缴纳个人所得税的,可以达到合理节税的目的。

对于如图6-6所示的4类债券投资,国家给予一定的税收优惠政策,用以进行纳税筹划。

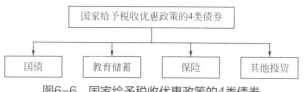

图6-6 国家给予税收优惠政策的4类债券

（1）国债

国债，又称国家公债，是国家以其信用为基础，按照债券的一般原则，通过向社会筹集资金所形成的债权债务关系。国债是各种债券投资中最安全的，且可以免征利息税。通过购买国债投资，可以少缴个人所得税。

（2）教育储蓄

教育储蓄是指个人按国家有关规定在指定银行开户、存入规定数额资金、用于教育目的的专项储蓄，是一种专门为学生支付非义务教育所需教育金的专项储蓄。教育储蓄采用实名制，开户时，储户要持本人（学生）户口簿或身份证，到银行以储户本人（学生）的姓名开立存款账户。到期支取时，储户需凭存折及有关证明一次支取本息。

教育储蓄的对象是有限制的，主要是对于学生家庭。相比于普通的银行储蓄，教育储蓄是国家为了鼓励居民积累教育资金而设立的，其最大的特点就是免征利息税。而且，教育储蓄的实得收益比同档次普通储蓄高出20%。

（3）保险

我国税法没有规定保险收益也要扣税。所以选择合理的保险计划，是个不错的理财方法，既能得到有益的保险来保障，又可少缴个税。

（4）其他投资

银行发行的人民币理财产品，还有股票、基金买卖所得差价收益，按照现行税法规定，均暂不征收个人所得税。

6.8 通过转变企业设立形式进行筹划

6.8.1 将私营企业转变为个体工商户

私营企业一般为公司制，适用企业所得税税率为25%。个体工商户不是公司制，适用个人所得税五级超额累进税率。显然，相比于个体工商户而言，私营企利于从事经营活动,参与市场竞争。个体工商户在规模和管理上,都无法与私营企业抗衡。

但是,当企业的经营规模不大时,可以选择个体工商户的形式,能够大大减少税负。按照现行税法规定,私营企业适用税率是25%。而个体工商户适用个人所得税,其适用税率如表6-2所示。

表6-2 经营所得个人所得税税率

级数	全年应纳税所得额	税率(%)	速算扣除数
1	不超过30000元的	5	0
2	30000元至90000元的部分	10	1500
3	90000元至300000元的部分	20	10500
4	300000元至500000元的部分	30	40500
5	超过500000元的部分	35	65500

案例8

秋萍女士投资创办的文化传媒公司2020年度实现利润25万元,文化传媒公司将全部利润进行分配,用于其他用途。那么,其应纳所得税额是多少呢?如果秋萍女士创办的是个体独资企业,其应纳所得税额应为多少?

筹划分析:

① 文化传媒公司应纳所得税额计算如下。

2020年度实现利润应纳企业所得税额=25×25%=6.25(万元)

年终利润分配给投资者的应纳个人所得税额=(25-6.25)×20%=3.75(万元)

企业和个人共承担的税负=6.25+3.75=10(万元)

② 如果秋萍女士将公司改成个体工商户,由于个体工商户只缴纳个人所得税,不缴纳企业所得税,其应纳所得税额计算如下。

应纳税所得额250000元,适用税率20%,速算扣除数10500,则:

应纳所得税额=250000×10%-10500=14500(元)

很显然,税负降低了许多。

6.8.2 将合伙制企业转变为个体工商户

合伙制企业和个体工商户都无须缴纳企业所得税,但在一定的情况下,通过将合伙制企业转化为个体工商户,个人承担的个人所得税会发生变化。

董青和爱人计划成立一家企业,若是合伙制,则夫妻俩各占50%股份;若是个体工商户,爱人则作为员工月领工资3500元。假设2021年度预计企业总收入为20万元,合伙制的成本费用为10万元,个体工商户的成本费用为5.8万元(扣除董青爱人工资12×3500元)。本案例如何进行纳税筹划?

筹划分析:

① 若是个体工商户,2021年度,董青爱人不需要缴纳个人所得税。
董青2021年度应纳税所得额=200000−100000=100000(元)
董青2021年度应纳所得税额=100000×20%−10500=9500(元)
董青夫妇合计缴纳个人所得税共计9500元。

② 若是合伙制企业,2021年度该合伙企业的利润总额为:
200000−58000=142000(元)

董青夫妇二人分别占50%的份额,每人可以分得71000元的利润。这样,两人应当缴纳个人所得税税额为:

(71000×10%−1500)×2=11200(元)

显然,成立合伙制企业后,董青夫妇多缴纳企业所得税1700(11200−9500)元。

第 7 章

财产税
——纳税筹划不可小觑

财产税类,是以纳税人拥有的财产数量或财产价值为征税对象的一类税收。财产税类包含房产税、土地增值税、城镇土地使用税、车船使用税等。

7.1 房产税纳税筹划

7.1.1 房产税征税范围的纳税筹划

我国房地产市场蓬勃发展，房屋租赁市场也特别活跃。根据《中华人民共和国房产税暂行条例》的规定，自用房屋的房产税是依照房产原值一次减除10%～30%后的余值计算缴纳，税率为1.2%；而房屋出租的房产税是依照房产租金收入计算缴纳，税率为12%。出租房屋的房产税税率是自用房屋的10倍，这就很有筹划房产税的必要了。

但是，房产税纳税筹划总是基于一定的条件，这些条件可能会受到多方面的约束。若条件成立，筹划是成功的，反之，则具有一定的风险。

（1）房产税的特点

房产税具有3个特点，如图7-1所示。

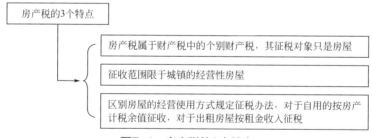

图7-1 房产税的3个特点

（2）房产税的征收范围

房产税并非对所有的房屋都征收，而仅仅是对城镇的商品房、经营性房屋征收；房产税是以房屋为征税对象，按照房屋的计税余值或者房屋租金收入为计税依据，向房屋产权人征收的一种房屋财产税。

按照《中华人民共和国房产税暂行条例》的规定，房产税在城市、县城、建制镇和工矿区征收。也就是说，在以上范围之外的房产，不征收房产税。

因此，一些对地段依赖性不是很强的房屋，纳税人可以进行纳税筹划，可选在房产税征收范围以外的地方。比如农副产品企业、蔬菜水果加工企业、农业生产资料企业等，它们当然需要有仓储的地方，若是将这些仓库建造在县城内，无论是否使用,每年都需按规定缴纳一大笔房产税和土地使用税,若是将仓库安排在城郊附近的农村,虽地处偏僻,但若交通便利,不影响经营的话,可以省一大笔房产税。当然,还要权衡运输成本与房产税孰高孰低。

7.1.2 房产税计税依据的纳税筹划

房产税实行从价计征或者房屋从租计征。二者的计税依据和扣除标准不同。房屋从价计征是按房产的原值减除一定比例后的房屋余值计征;房屋从租计征是按房产的租金收入计征,具体如表7-1所示。

表7-1 房产税计税依据

计税方式	计税依据	扣除标准
从价计征	房产原值一次减除10%~30%后的余值	具体减除标准由省、自治区、直辖市人民政府确定
从租计征	房产租金收入	扣除标准采用比例税率。按照房产原值计征的,年税率为1.2%;按照房产租金收入计征的,年税率为12%

房产税应纳税额的计算分为以下两种情况。

一是以房产原值为计税依据的,其计算公式为:

$$应纳税额 = 房产原值 \times (1-10\% \sim 30\%) \times 税率(1.2\%)$$

二是以房产租金收入为计税依据的,其计算公式为:

$$应纳税额 = 房产租金收入 \times 税率(12\%)$$

(1)从价计税的纳税筹划

自用房产的房产税是按房产原值一次减除10%~30%后的余值计算缴纳,因此如何确定房产的概念、范围很重要。尽可能减少房产原值,是自用房产纳税筹划的重点。

1)确定房产原值

税法规定,"房产"是以房屋形态表现的财产。房屋是指有屋面和围护结构(有墙或两边有柱),能够遮风避雨,可供人们在其中生产、工作、学习、娱乐、居住或储藏物资的场所。独立于房屋之外的建筑物,如围墙、烟囱、水塔、变电塔、油池油柜、酒窖菜窖、酒精池、糖蜜池、室外游泳池、玻璃暖房、砖瓦石灰窖以及各种油气罐等,不属于房产,不征房产税。但与房屋不可分割的附属设施或者一般不单独计价的配套设施需要并入原房产原值计征房产税。

因此,在对房产原值进行准确界定时,应将房屋与非房屋建筑物、各种附属设施、配套设施等进行划分,并单独列示,分别核算。若是混在一起,房屋的原值必定增加,房产税自然也会增加。

纳税人应实事求是地进行价款划分,这是正当的纳税筹划行为,不存在风险。但是,纳税人可能从少缴房产税的目的出发,刻意提高非房屋的价款,压低房屋的价款,以达到少缴房产税的目的,这种做法可能会给企业带来一定的税务风险。

2)准确核算地价

税法规定,房屋原价应根据国家有关会计制度的规定进行核算,企业取得的土地使用权通常应确认为无形资产。自行开发建造厂房等建筑物,相关的土地使用权与建筑物应当分别进行处理。外购土地及建筑物支付的价款应当在建筑物与土地使用权之间进行分配;难以合理分配的,应当全部作为固定资产。

既然自建、外购房屋业务均要求将土地使用权作为无形资产单独核算,"固定资产"科目中不包括为取得土地使用权支付的费用,那么企业在外购土地及建筑物支付价款时,一定要根据"配比"的原则,合理分配建筑物与地价款,分别进行账务处理。

3)资产及时清理

当企业出现财产损毁、报废和超期使用等情况时,作为固定资产的房产,它的挂账原值是计算房产税的基础数据,及时清理固定资产,能直接影响房产税的应税所得额。所以,财务及相关部门要及时检查房屋及不可分割的各种附属设备运行情况,做好财产清理工作,以减轻房产税税负。

4)转变房产及附属设施的修理方式

税法规定,对于修理支出达到取得固定资产时的计税基础50%以上,以及修理后固定资产的使用年限延长2年以上的,这两个条件同时满足了,应增加固定资产的计税基础。显然,对"修理后固定资产的使用年限延长2年以上"这一条件,不那么容易筹划。但可以将房产资本性的大修理支出转变为收益性的小修理支出,降低房产的计税基础。具体做法是,将房产的资本性大修理支出,分解成多次收益性小修理支出,这样便可以使得每次修理费都低于取得固定资产时的计税基础50%这个限额,于是每一次的修理费都可以直接从损益中扣除,不需增加房产的计税基础,从而相应减少房产税税负。

案例1

春娥公司有一栋厂房账面价值为5000万元,现需要进行大修理。修理后使用年限预计可延长5年,大修费用预计为2600万元。请对春娥公司的房产税进行筹划。

筹划分析：

大修理支出若达到取得固定资产时的计税基础50%，且延长年限超过两年时，就应当计入固定资产原值。本次大修理后，固定资产预计使用年限将延长5年，无法进行纳税筹划。若按大修理的实际支出，占固定资产计税基础的比例为：

$$2600 \div 5000 \times 100\% = 52\%$$

由于达到了税法规定的比例，那么该大修理支出应为厂房的资本性支出，增加厂房账面价值，修理后厂房计税账面价值为：

$$5000 + 2600 = 7600（万元）$$

修理后应缴纳房产税税额（假设扣除比例为30%）为：

$$应纳税额 = 房产原值 \times (1 - 10\% \sim 30\%) \times 税率（1.2\%）$$
$$= 7600 \times (1 - 30\%) \times 1.2\%$$
$$= 63.84（万元）$$

现对该大修理支出进行筹划。可提出纳税筹划方案如下。

春城公司对厂房大修理支出分解为2次进行，每次修理费用为1300万元，显然达不到取得固定资产时的计税基础50%，所以不增加固定资产的计税基础，每次修理后厂房账面计税价值仍为5000万元，应缴纳房产税税额为：

$$应纳税额 = 5000 \times (1 - 30\%) \times 1.2\% = 42（万元）$$

大修理完毕后节约了房产税21.84（63.84－42）万元。

（2）从租计税的纳税筹划

从租计税是以房产出租的租金收入为计税依据计算房产税的，那么，对出租房屋纳税筹划的关键便在于如何确定租金收入。

1）合理分解房租收入

企业在出租房屋时，往往除房屋设施外，还有房屋内部或外部的一些附属设施及配套服务，比如办公用具、机器设备、附属用品。但企业在签订房屋出租协议时，有时为了省却麻烦，便将大大小小的物件一股脑地都捆绑在一起，共同写进房屋租赁协议，一起计算租金。那么税务机关在核定房产税时，只能按租赁收入来计算房产税，这就在无形中增加了企业的税负。

而事实上，税法对房屋之外的这些设施并不征收房产税。所以企业在签订房屋租赁合同时，应将房屋租赁收入与其他租赁收入加以区分，即使商谈时是捆绑式租赁，也应该人为地分割租赁收入，或将办公用品、附属设施及配套服务等单独计算使用费收入，以减轻房产税的税负。

树明厂将位于市区的房屋出租给一家贸易公司,租金为每年100万元,租期为5年,租金中包含简单家具、空调的使用费以及电话费、水电费。该企业当年购家具、空调等花费15万元用于该出租房,预计使用年限为5年。另外,当年为出租房支付电话费6万元、水费4万元、电费6万元。请对该企业的房产税进行筹划(假设扣除比例为30%)。

筹划分析:

该企业出租房屋给商贸公司应缴纳房产税税额为:

$$100×(1-30\%)×1.2\% = 0.84(万元)$$

如果将租金合同进行拆分,先将家具、空调每年租金3(15÷5)万元单独列示,电话费、水电费合计16(6+4+6)万元也单独列示,那么房屋租金应为81(100-3-16)万元。该企业出租房屋给商贸公司应缴纳房产税税额为:

$$81×(1-30\%)×1.2\% ≈ 0.68(万元)$$

进行纳税筹划后,房产税节约了0.16(0.84-0.68)万元。

2)通过关联企业转租

根据税法的规定,转租不需缴纳房产税,因此企业可以采取与关联企业之间签订租赁合同,然后由关联企业对外转租的方式,实现房产税税负的减轻。

建强公司有一门面房计税原值为600万元,每年对外出租收取房产租金100万元,现对建强公司的房产税进行筹划。

筹划分析:

建强公司出租门面房应缴纳房产税税额为:

$$100×12\% = 12(万元)$$

根据《中华人民共和国房产税暂行条例》的规定,房产税由产权所有人缴纳,房产转租人不是产权所有人,不缴纳房产税,因此建强公司可以改变门面房出租方式,将门面房以每年50万元的租金价格出租给全资子公司喜胜公司,喜胜公司将门面房对外再次出租,收取出租门面房租金100万元。

那么,建强公司出租门面房应缴纳房产税税额为:

$$50 \times 12\% = 6(万元)$$

喜胜公司是房产转租人,无须缴纳房产税。建强公司与喜胜公司的房产税税额合计为6万元。

房产租赁采取由出租改为转租,建强公司与喜胜公司合计减少房产税6(12-6)万元。

(3)房产税从价计征与从租计征的税负平衡点

就房产而言,究竟应选择自用还是出租,在不考虑其他条件只考虑房产税税负的情况下,应有一个税负平衡点,作为选择自用和出租的依据。

房屋自用时,房产税从价计征税额为(假设扣除比例为30%):

$$房产原值 \times (1-30\%) \times 1.2\% = 房产原值 \times 0.84\%$$

房屋出租时,房产税从租计征税额为:

$$房产租金收入 \times 12\%$$

我们来测算两种情况税负的平衡点,即:

$$房产原值 \times 0.84\% = 房产租金收入 \times 12\%$$

即:房产租金收入÷房产原值=7%

也就是说,当房产租金收入占房产原值比例高于7%时,从价计税税负较低。反之,若房产租金收入占房产原值比例低于7%时,从租计征税金较低。

业琢公司拟考虑将企业仓库用于存放公司产品或用于对外出租,仓库计税原值为600万元,用于对外出租可获取出租房产租金50万元。业琢公司应如何选择?

筹划分析:

先计算房产税税负平衡点(假设扣除比例为30%):

房产租金收入÷房产原值=50÷600≈8.33%,高于税负平衡点7%,说明自用仓储方式房产税较低,应采取自用仓储方式。具体测算如下:

自用仓储房产税税额=房产原值×0.84%=600×0.84%=5.04(万元)

出租房产税税额＝房产租金收入×12%＝50×12%＝6（万元）

出租比自用仓储房产税税额高0.96（6-5.04）万元。

由此可见，高于税负平衡点，企业应采取自用仓储方式以节约房产税支出。

7.1.3 房产税计征方式的纳税筹划

（1）出租房产变为出资房产

将出租房产变为出资房产，这需要事前进行有效论证。毕竟这种转变带来的直接后果是房产证需变更所属。最重要的论证是，到底节约了多少房产税？当企业将房屋对外出租时，按规定要按租金收入的12%缴纳房产税。如果将房屋对外投资入股，不但可以节约现金或其他出资，还可以参与被投资方的利润分配，共同承担风险。更重要的是，不必按12%的高税率缴纳房产税了。被投资方只需按房屋余值的1.2%缴纳房产税。两种情形计算的房产税明显相差得多。

宗域公司拟与大同公司共同出资成立新公司郭墅公司，根据投资协议的规定，郭墅注册资本为3000万元，大同公司以货币出资900万元，占股30%，宗域公司以装修后办公楼出资2100万元，占股70%。宗域公司办公楼计征房产税账面原值1200万元，账面净值600万元，经资产评估后公允价值为600万元，宗域公司准备投入1500万元进行重新装修改造，装修改造支出全部计入办公楼账面价值。装修改造后办公楼计征房产税账面原值上升为3700万元，账面净值上升为2100万元，公允价值上升为2100万元。

筹划分析：

宗域公司以装修后办公楼投资时需补缴房产账面价值上升房产税（假设扣除比例为30%）：

$$1500×（1-30\%）×1.2\%＝12.6（万元）$$

郭墅公司接受宗域公司房产投资并办理产权过户手续后，按房产价值2100万元入账，应缴纳房产税为：

$$2100×（1-30\%）×1.2\%＝17.64（万元）$$

对以上案例进行纳税筹划,由于宗域实业公司以装修改造后办公楼投资,房产计税价值增加了1500万元,缴纳房产税也增加。如果宗域公司改变出资方式,以装修改造前办公楼公允价值出资600万元,另外以货币出资1500万元,总出资额仍是2100万元。但这1500万元交由郭墅公司作为办公楼装修费用。那么,宗域公司无须补缴房产账面价值上升1500万元的房产税,即节约了12.6万元。

郭墅公司接受宗域公司办公楼投资并办理产权过户手续后,按600万元公允价值入账,应缴纳房产税为:

$$600 \times (1-30\%) \times 1.2\% = 5.04(万元)$$

装修费用1500万元,可以采取分次装修来降低房产税。

(2)将出租变为仓储管理

出租与仓储在房产税计征上是有区别的。房屋出租属于从租计征的房产范围,仓储合同则属于从价计征的房产范围。租赁与仓储是两种完全不同的经营方式,租赁只需提供房屋,不对存放的商品负责;而仓储不仅需要添置设备设施,配备相关的人员,还要对存放的商品负责,从而增加人员的工资和经费开支,但这些开支还是远远低于节税数额,扣除这些开支后,企业还是有可观的收益的。

(3)变房产出租为物业管理

房产税的纳税筹划,一般都是尽可能降低房产税税率。从价计征和从租计征两种方式税率相差很大,也为纳税筹划提供了条件。

案例 6

海平物业公司办公大楼房产的计税原值为2000万元,现拟将本公司办公大楼负层的一幢不与地上房屋相连的地下建筑出租给某百货公司用于其销售百货商品,双方签订房产租赁合同,约定该地下建筑出租每年收取租金200万元。另外地下建筑内原有的办公桌椅、文件柜及计算机等办公用品免费提供给某百货公司使用,请对海平物业公司的房产税进行纳税筹划。

筹划分析:

物业管理有限公司出租地下建筑应缴纳出租房产税税金为:

$$200 \times 12\% = 24(万元)$$

现对上述案例进行纳税筹划,为了享受从价计征房产税的低税负,物业管理有限公司利用自身主营物业管理的业务范围,与百货公司重新签订合同,合同内容将房产出租变更为物业管理,约定海平物业公司为百货公司提供地下建筑物业管理服务,每年收取物业管理费160万元;原免费提供的办公桌椅、文件柜及计算机等办公用品改为每年收取使用费40万元,合计每年收取费用仍是200万元。纳税筹划后,根据财税〔2005〕181号文《财政部 国家税务总局关于具备房屋功能的地下建筑征收房产税的通知》的规定,商业和其他用途房产,以房屋原价的70%~80%作为应税房产原值。那么,物业公司应缴纳地下建筑应税房产原值为1600(2000×80%)万元,应缴纳房产税为(假设扣除比例为30%):

$$1600 \times (1-30\%) \times 1.2\% = 13.44(万元)$$

纳税筹划后,物业公司减少房产税支出10.56(24-13.44)万元。

(4)将出租变为承包

根据税法的规定,如果承包者或承租者未领取任何类型的营业执照,则企业向其提供各种资产收取的各种名义的价款,均属于企业内部分配行为,不属于租赁行为。

所以,在条件成熟的情况下,房屋所有人不妨将房屋承租人聘为经营者,将房屋出租行为变为自办工厂或商场再承包出去,收取承包收入,那么原有的房产就可以按从价计征,这样就可以避免房屋出租所产生的高税率房产税了。

7.1.4 根据房产税优惠政策采取的纳税筹划

房产税作为地方税种,税法规定了许多政策性减免优惠。比如:
① 老年服务机构自用的房产免税;
② 为鼓励地下人防设施,暂不征收房产税;
③ 对损坏不堪使用的房屋和危险房屋,经有关部门鉴定,在停止使用后,可免征房产税;
④ 企业大修理停用在半年以上的房产,在房屋大修期间免征房产税;
⑤ 向居民供热并向居民收取采暖费的供热企业的生产用房,暂免征收房产税;
⑥ 纳税人纳税有困难的,可定期向有关税务机关申请减征或免征应征税额等。

还有许多地方规定的优惠政策,企业应充分掌握和利用这些优惠政策,及时向税务机关提出书面减免税申请,并提供有关的证明,争取最大限度地获得税收优惠,减少房产税的支出。

7.2 土地增值税纳税筹划

7.2.1 土地增值税适用税率和计税依据的纳税筹划

土地增值税适用税率为四级超额累进税率,所以土地增值税的纳税筹划主要是对增值率的控制。土地增值率是土地增值额与扣除项目金额的比率,增值额是主要的计税依据。增值额是以转让房地产取得的收入,减除法定扣除项目金额后的余额。增值额越大,适用的税率越高。所以,要控制增值率,才能降低土地增值税。

(1)利用增值额进行纳税筹划

按照《中华人民共和国土地增值税暂行条例》的规定,纳税人建造普通标准住宅出售,增值额未超过扣除项目金额的20%,免征土地增值税;增值额超过扣除项目金额的20%,应就其全部增值额按对应税率计算缴纳土地增值税。同时规定,纳税人既建造普通标准住宅,又搞其他房地产开发的,应分别核算增值额;不分别核算增值额或不能准确核算增值额的,其建造的普通标准住宅不享受免税优惠。

案例 7

圣运房地产企业2019年商品房销售收入为30000万元,其中普通住宅的销售额为20000万元,豪华住宅的销售额为10000万元。依据税法的规定,该住宅项目可扣除项目金额为23000万元,其中普通住宅可扣除项目金额为18000万元,豪华住宅可扣除项目金额为5000万元。

筹划分析:

① 合并核算时的应纳税额。

增值率=(30000−23000)÷23000×100%≈30.43%

增值额未超过扣除项目金额50%的,应纳土地增值税税额=增值额×30%=(30000−23000)×30%=2100(万元)。

② 分开核算时的应纳税额。

普通住宅增值额与扣除项目金额的比例=(20000−18000)÷18000×100%≈11.11%。

增值额未超过扣除项目金额20%的,免征土地增值税。

豪华住宅增值额与扣除项目金额的比例＝（10000－5000）÷5000×100%＝100%。

增值额超过扣除项目金额50%，未超过100%的，普通住宅和豪华住宅应纳税额合计＝增值额×40%－扣除项目金额×5%＝（10000－5000）×40%－5000×5%＝1750（万元）。

分开核算比合并核算少缴纳土地增值税350（2100－1750）万元。

（2）利用分散收入进行纳税筹划

税法规定，土地增值额是企业在转让房地产时所取得的收入，减去按规定可以扣除项目金额后的余额。因此，转让收入成了土地增值税的一个计税依据。在扣除项目金额一定的情况下，转让收入越少，土地增值额就越小，税率和税额就越低。为了降低转让收入，企业可以分次单独签订合同，分开可以单独处理的部分。

中粟房地产企业准备开发一栋精装修的楼房，预计精装修房的市场售价是36000万元（含装修费6000万元）。在进行土地增值税筹划时，可以分别签订合同，一份是房屋建成毛坯房30000万元的房屋买卖合同，等房屋装修后再签6000万元的装修合同。

那么房地产企业只根据房屋建筑合同上注明的30000万元金额计算缴纳土地增值税，而不会以36000万元的收入来计算。装修合同注明的6000万元金额属于增值税征税范围，不用缴纳土地增值税。

（3）利用成本费用进行纳税筹划

1）费用迁移筹划法

房地产企业通过事前筹划，把实际发生的期间费用转移到房地产开发项目直接成本中去，这样便可以加大扣除项目的金额。比如属于公司总部人员的工资、福利费、办公费、差旅费、业务招待费等，本属于期间费用的开支范围，由于期间费用的实际发生数不能增加土地增值税的扣除金额，因此人事部门可以在不影响总部工作的同时，把总部的一些人员安排或兼职到每个具体房地产项目中。

那么，这些人员费用就可以分摊一部分到房地产开发成本中。期间费用变少了，不会影响房地产开发费用的扣除，但增大了房地产的开发成本。也就是说房地产开发公司在不增加任何开支的情况下，通过费用迁移筹划法，就可以增大土地增值税允许扣除项目的金额，从而达到节税的目的。

2）临界点筹划法

房地产开发公司开发房产项目，会获取一定的利润。转让收入减去扣除项目后的金额越高，意味着利润率就越高，缴纳的土地增值税就会越多。缴纳的土地增值税越多，税后利润可能会越小。因此，房地产企业要找到一个平衡点，通过降低房价，降低土地增值税，却能获取利润最多，房地产企业应进行预测。

比如，纳税人建造普通标准住宅出售，增值额未超过扣除项目金额20%的，免征土地增值税；增值额超过扣除项目金额20%的，应就其全部增值额按规定计税。这里的"20%的增值额"就是"临界点"。根据临界点的税负效应，可以对此进行纳税筹划。

实际工作中，首先要测算增值率（增值额与允许扣除项目金额的比率），然后设法调整增值率。改变增值率的方法有两种，如图7-2所示。

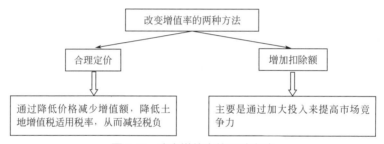

图7-2　改变增值率的两种方法

这里特别说明通过加大投入来提高市场竞争力这一项。按照《中华人民共和国土地增值税暂行条例实施细则》的规定，房地产开发成本中可以扣除的项目包括如图7-3所示的6项。

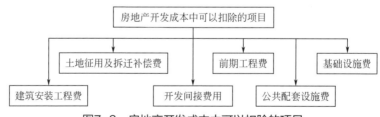

图7-3　房地产开发成本中可以扣除的项目

纳税人可以通过改善住房环境，提高房产的质量来适当增加扣除项目，以高质低价来占领市场。

3）费用均分筹划法

这种方法主要是针对房地产开发业务较多的企业。因为这类企业可能同时进行多项房地产开发业务，不同地方开发成本可能会因为地价或其他原因而不同，这就导致每个房屋开发项目的增值率不一致。这种不一致可能会加重企业的税收负担。如果企业对开发成本进行必要的调整，使得各处开发业务的增值率大致相同，便可以节省税款。因此，平均费用分摊是抵销增值额、减少纳税的极好选择。

房地产开发企业可将一段时间内发生的各项开发成本进行最大限度的调整分摊，就可以将获得的增值额进行最大限度的平均，这样就不会出现某段时间增值率过高的现象，从而节省部分税款。如果结合其他筹划方法，使增值率刚好在某一临界点以下，则节税就更明显。

4）利用利息支出进行纳税筹划

房地产开发企业一般都会向银行贷款，或通过其他途径获得借款，利息支出是房地产企业重要的成本项目。利息支出的不同扣除方法会对企业的应纳税额产生很大的影响。根据规定，财务费用中的利息支出，凡能够按转让房地产项目计算分摊并提供金融机构证明的，允许据实扣除，但最高不能超过按商业银行同类同期贷款利率计算的金额，其房地产开发的其他费用还可按该项目地价款和开发成本之和的5%再扣除；凡不能按转让房地产项目计算分摊利息支出或不能提供金融机构证明的，房地产开发费用按该项目地价款和开发成本之和的10%直接扣除成本。

这就给房地产企业提供了可供选择的余地。如果房地产开发企业在开发过程中主要依靠借款筹资，利息费用较高，则应尽可能提供金融机构贷款证明，并按房地产项目计算分摊利息支出，实现利息据实扣除，降低税额；反之，开发过程中借款不多，利息费用较低，则可不计算应分摊的利息支出或不提供金融机构的贷款证明，这样就可多扣除房地产开发费用，以实现企业利润最大化。

7.2.2 根据土地增值税优惠政策采取的纳税筹划

土地增值税的税收优惠政策包括以下3个方面。

① 纳税人建造普通标准住宅出售，增值额未超过扣除项目金额20%的，免征土地增值税。增值额超过扣除项目金额20%的，应就其全部增值额按规定计税。

② 因国家建设需要依法征用、收回的房地产，免征土地增值税。

③ 对个人转让房地产的税收优惠。个人因工作调动或改善居住条件而转让原自用住房，经向税务机关申报核准，凡居住满5年或5年以上的，免予征收土地增值税；居住满3年未满5年的，减半征收土地增值税；居住未满3年的，按规定征收土地增值税。

淑凤在市区有一套住房，市价60万元，扣除项目金额15万元。已经居住满4年10个月，这时她因工作需要，调动到省会城市，需要出售其原有住房，何时售出才可能减少纳税义务？

筹划分析：

淑凤可以选择两个时点转让住房：

① 立即出售：增值额＝60-15＝45（万元）

增值额与扣除项目金额的比例＝45÷15×100%＝300%

增值额超过扣除项目金额200%的，应纳土地增值税税额＝增值额×60%-扣除项目金额×35%＝（45×60%-15×35%）×50%≈10.88（万元）

② 满5年出售。两个月后征税的住房已经住满5年，在其出售时可享受免缴土地增值税的优惠，即其应纳土地增值税税额为零。

7.2.3 改变经营方式的纳税筹划

（1）变房地产销售为代建行为

代建行为是指房地产开发企业代客户进行房地产开发，完工后向客户收取代建劳务费的行为。由于代建房屋的产权自始至终属于客户，没有发生转移，因而不具备土地增值税的纳税条件，不用缴纳土地增值税。房地产开发企业取得的收入属于建筑劳务性质的收入，只需缴纳增值税。如果房地产开发企业在开发之初就能找到最终用户且在取得的收益相同的前提下，可以与客户协商采用代理方式进行开发，以客户的名义受让土地、购买各种材料设备，就能彻底减轻税收负担。

（2）变房地产销售为合作建房行为

税法规定，对于一方出地，一方出资金，双方合作建房，建成后分房自用的，暂免征收土地增值税。如果房地产开发企业在开发前找到需要购房的企业协商，由开发企业提供土地，由购房者出资共同开发，开发完成后按约定比例分房。这样购房者分得的自用部分房产不用缴纳土地增值税，房地产开发企业只有在转让属于自己的部分房产时缴纳土地增值税，大大降低了开发企业的税负。

（3）改售为租、投资、联营节税

土地增值税的征税范围不包括未转让土地使用权、房产产权的行为。因此，房地产开发企业在开发完成后,可以以出租的形式收回资金。由于没有发生产权转移,只需缴纳出租房产税。另外,房地产企业也可以以房产投资或联营,在投资时按税法规定不用缴纳土地增值税,而且在转让股权时也可以不用补交。

(4)将免税项目与非免税项目分开核算

税法规定,对于免税项目与非免税项目必须分开核算,否则,免税项目不得享受免税优惠;对于普通标准住宅与非普通标准住宅必须分开核算,否则,普通住宅不得享受增值额低于扣除项目金额20%时免税的优惠政策。因此,房地产开发企业必须将两者分开核算,以享受免税。

7.3 城镇土地使用税纳税筹划

城镇土地使用税(简称土地使用税),就是对在城市、县城、建制镇和工矿区内使用土地的企业和个人,以其实际占用的土地面积为计税依据,按照规定的定额税率计算征收的一个税种。土地使用税并不与经营收入直接挂钩,它是以实际占用的土地面积为计税依据。土地使用税作为一种费用,抵减了经营者的实际收益。

(1)对经营用地的所属区域进行筹划

经营者占有并实际使用的土地,其所在区域直接关系到缴纳土地使用税数额的大小。因此,经营者可以结合投资项目的实际需要在图7-4所示的4个方面进行选择。

图7-4 经营用地所属区域的选择

注意:同一省份内的大中小城市、县城和工矿区内的土地使用税税额同样有差别。

案例 10

永范机械厂目前占地8000平方米,因扩大生产规模,现需建设分厂。计划征用新土地5000平方米。永范机械厂处于市区,建分厂有两个计划,一是就近扩大厂区,二是去相隔10公里外的农村建厂。假设永范机械厂所在市区土地使用税税率为每平方米12元,永范机械厂应如何选择?

筹划分析:

永范机械厂若选择在市区内就近征用5000平方米土地建设分厂,那么征用土地后每年应缴纳的土地使用税税额为:

(8000+5000)×12＝156000(元)

永范机械厂若选择在10公里外的农村征用5000平方米土地建设分厂,位于农村的土地不在土地使用税的征收范围之内,永范机械厂只就目前占用的8000平方米缴纳土地使用税。

永范机械厂应缴纳土地使用税税额＝8000×12＝96000(元)

若不受其他条件影响的话,选择农村能减轻永范机械厂的土地使用税。

(2)从纳税人身份的界定上考虑节税

纳税人的身份不同,会直接影响到土地使用税。经营者也可以结合投资项目实际需求考虑节税。

1)在经营范围或投资对象上考虑节税

《中华人民共和国城镇土地使用税暂行条例》第六条的规定,下列土地免缴土地使用税:①国家机关、人民团体、军队自用的土地;②由国家财政部门拨付事业经费的单位自用的土地;③宗教寺庙、公园、名胜古迹自用的土地;④市政街道、广场、绿化地带等公共用地;⑤直接用于农、林、牧、渔业的生产用地;⑥经批准开山填海整治的土地和改造的废弃土地,从使用的月份起免缴土地使用税5年至10年;⑦由财政部另行规定免税的能源、交通、水利设施用地和其他用地。

2)当经营者租用厂房、公用土地或公用楼层时,在签订合同中要有所考虑

根据税法的规定,土地使用权未确定或权属纠纷未解决的,由实际使用人纳税;土地使用权共有的,由共有各方分别纳税。经营者在签订合同时,应该把是否成为土地的法定纳税人这一因素考虑进去。

（3）从所拥有、占用土地用途上考虑节税

纳税人实际占有并使用的土地用途不同，可享受不同的土地使用税政策。主要包括表7-2所列的3个方面。

表7-2 土地不同用途的相关规定

用途	相关规定
公共绿化和向社会开放的公园用地	根据税法的规定，对厂区以外的公共绿化和向社会开放的公园用地，暂免征城镇土地使用税。那么企业可以把原绿化地只对内专用改成对外公用，即可享受免税的照顾
水利设施及其管护用地	根据税法的规定，对水利设施及其管护用地，可免征土地使用税，企业可以考虑把这块土地的价值在账务核算上明确区分开来，以达到享受税收优惠的目的
煤炭、矿山和建材行业的特殊用地	根据税法的规定，对煤炭、矿山和建材行业的特殊用地可以享受减免土地使用税的规定。企业既可以考虑按政策规定明确划分出采石（矿）厂、排土厂、炸药库等不同用途的用地，也可以把享受免征土地使用税的特定用地在不同的土地等级上进行合理布局，使征税的土地税额最低

时福五金厂为了美化厂区环境，提升企业竞争力，欲征用工厂前面的1000平方米的场地，将工厂大门移到绿化带外，然后在工厂正中间的办公楼至大门口开辟一条宽50米的绿化带。假设时福五金厂所在市区土地使用税税率为每平方米12元，请为时福五金厂的该方案提供建议。

筹划分析：

倘若将工厂的大门移到绿化带外，那么绿化用地便属于时福五金厂的内部区域，所征用的土地1000平方米应缴纳土地使用税税额为12000（1000×12）元。

若是拆除工厂大门，通往办公楼的绿化带完全是开放式的，无论员工和社会百姓都可共享这片绿地，那么绿化带所征用的1000平方米将无须缴纳土地使用税。

因此，若在条件允许的情况下，可以考虑将绿化带建成开放式的。

7.3.1 从纳税义务发生时间上考虑节税

① 在发生涉及购置房屋业务时考虑节税。涉及房屋购置业务时，相关政策规定了如下纳税义务发生时间。

第一，纳税人购置新建商品房的，自房屋交付使用的次月起纳税。

第二，纳税人购置存量房，自办理房屋权属转移、变更登记手续，房地产权属登记机关签发房屋权属证书之次月起纳税。

因此，对于购置方来说，应尽量缩短取得房屋所有权与实际经营运行之间的时间差。

② 对于新办企业或需要扩大规模的老企业，在征用土地时，可以在是否征用耕地与非耕地之间作筹划。因为政策规定，纳税人新征用耕地，自批准征用之日起满一年时开始缴纳土地使用税，而征用非耕地的，则需自批准征用的次月就应该纳税。

③ 利用经营采摘、观光农业进行纳税筹划。根据"直接用于农、林、牧、渔业的生产用地"免缴土地使用税的规定，在城镇土地使用税征收范围将土地直接用于种植、养殖、饲养等采摘、观光项目，来享受免缴土地使用税的优惠待遇。

④ 选择经过改造才可以使用的土地。政策规定，经批准开山填海整治的土地和改造的废弃土地，从使用的月份起免缴土地使用税 5～10 年。

7.3.2 从纳税地点上考虑节税

关于土地使用税的纳税地点，政策规定为"原则上在土地所在地缴纳"。但对于跨省份或虽在同一个省、自治区、直辖市但跨地区的纳税人的纳税地点，也是有文章可作的。这里的节税途径的实质就是尽可能选择税额标准最低的地方纳税。这对于目前不断扩大规模的集团性公司显得尤为必要。

第 8 章

其他税种
——纳税筹划有利可图

> 我国的纳税筹划事业虽然起步较晚，但越来越受到企业青睐，有着巨大的发展空间。企业家们不只关注流转税、所得税这些主要税种的纳税筹划，对于其他税种的纳税筹划也同样关注。随着我国国民经济的快速发展，企业家的筹划意识不断增强，所有的税种都可以列入筹划之中。本文主要就关税及印花税的纳税筹划方法进行介绍。

8.1 关税纳税筹划

8.1.1 关税优惠政策的纳税筹划

全球经济一体化趋势日益加强，国际间贸易往来已习以为常。在对外贸易过程中，涉及一个重要的税种，就是关税。关税的税负弹性较小，在税目、税基、税率以及减免税优惠等方面都规定得相当详细、具体，不像所得税有那么大的伸缩余地，因此关税的纳税筹划空间并不大。

进口税率分为普通税率和优惠税率两种。对于原产地是与我国未订有关税互惠协议的国家或地区的进口货物，按普通税率征税；对于原产地是与我国订有关税互惠协议的国家或地区的进口货物，按优惠税率征税。那么就进口货物而言，如何充分利用优惠政策，对于关税纳税筹划很重要。

很显然，在进口货物时，应选择合适的原产地，即选择与我国签有关税互惠协议的国家和地区。

比如，某钢铁公司要进口铁矿石，在价格及运费等成本费用相差不大的情况下，究竟是选择东盟，还是选择加拿大呢？这就要看关税优惠政策了。中国与新加坡之间是有关税优惠政策的，而与加拿大没有，因此，即便不考虑运输成本，也应该选择新加坡。

（1）运用保税制度进行关税筹划

保税制度是指经海关批准的境内企业所进口的货物，在海关监督下，在境内指定的场所储存、加工、装配，并暂缓缴纳各种进口税款的一种国际通行的海关监管业务制度。目前，我国的保税制度包括保税仓库、保税工厂和保税区等制度。

运用保税制度进行纳税筹划，首先纳税人要在保税区内投资设厂经营，其次纳税人要将其进出口货物申请为保税货物。

保税货物是指经过海关批准，未办理纳税手续，在境内储存、加工、装配后复运出境的货物。保税货物属于海关监管货物，未经海关许可并补税款，不能擅自出售。

若能申请为保税货物，那么从申请批准之日起，暂时免征进口关税，之后再根据货物经储存、加工或装配后是否复运出境，决定是否补征税款。这之间将存在一定的时间差，即使补税了，纳税人也能充分利用这笔税款的时间价值。

保税制度的运行是一个包含众多环节的过程。假设进口货物最终将复运出境，那么基本环节就是进口和出口。在这两个环节中,企业都必须向海关报关,在该企业填写的报关表中有"单耗计量单位"一栏。

所谓单耗计量单位,即生产一个单位成品耗费几个单位原料,通常有图8-1所示的3种形式。

度量衡单位/自然单位,如吨/块、米/套等	自然单位/自然单位,如件/套、匹/件等	度量衡单位/度量衡单位,如吨/立方米

图8-1 单耗计量单位

度量衡单位容易测量,而自然单位要具体测量则很困难,这种情况下常常利用自然单位进行纳税筹划。

案例 1

世栋钟表厂从英国进口100吨不锈钢,每吨不锈钢1.5万元,并向当地海关申请保税,不锈钢关税税率为10%。世栋钟表厂报关表上填写的单耗计量单位为2千克/块,即做成一块钟表需耗用2千克不锈钢材料。后来世栋钟表厂加大研发,改进工艺,节约了原材料,做成一块手表只需耗用1.5千克不锈钢材料。世栋钟表厂的企业信誉良好,得到了海关的认可。制成钟表后将成品复运出口,完成了保税过程。

筹划分析:

在世栋钟表厂进行工艺改进后,节省海关关税税额为:

进品数量×单价×关税税率−进口数量×改进后的单耗量÷原单耗量×单价×关税税率 = 100×15000×10%−100×0.0015÷0.002×15000×10% = 37500(元)

(2)运用普惠制进行关税筹划

普惠制是根据联合国贸易发展会议的倡议,工业发达国家在非对等和非歧视的基础上,对发展中国家出口的制成品和半制成品提供普遍的优惠关税待遇,是在最惠国税率基础上进一步减税或全部免税的优惠待遇。

我国经历了40多年的改革开放,很多企业已经走出了国门,在国外投资办厂。如果国内企业把一些工业生产转向劳动力成本较低廉的最不发达国家,到那里去投资建厂,将原料或初级产品在最不发达国家生产加工,之后再出口至欧盟等地,便可享受全免进口关税的优惠待遇,达到扩大产品出口创汇和享受税收优惠的目的。

8.1.2 关税税率的纳税筹划

我国进口税则设有最惠国税率、协定税率、特惠税率、普通税率、配额税率、暂定税率等税率形式,适用情况如表8-1所示。

表8-1 我国进口税率适用情况

税率	适用情况
最惠国税率	适用于原产于共同适用最惠国待遇条款的世界贸易组织成员的进口货物,或原产于与我国签订含有相互给予最惠国待遇条款的双边贸易协定的国家或地区的进口货物,以及原产于我国境内的进口货物
协定税率	适用于原产于与我国签订含有关税优惠条款的区域性贸易协定的国家或地区的进口货物
特惠税率	适用于原产于与我国含有特殊关税优惠条款的国家或地区的进口货物
普通税率	适用于原产于上述国家或地区以外的其他国家或地区的进口货物,以及原产地不明的进口货物
关税配额税率	适用于按照国家规定实行关税配额管理的关税配额内的进口货物
暂定税率	适用于上述税率在一定期限内的进口货物

按照征收关税的标准,关税税率可以分成从价税率、从量税率、复合税率和滑准税率。我国普遍对进口货物征收关税,对出口货物很少征收关税,关税税率的主要形式是从价税率,所以关税税率的纳税筹划重点是从价税率和进口关税税率。

(1)利用原产地规定进行关税筹划

进口商品的原产地不同,其适用税率也不同。那么,在其他条件相近的情况下,企业应优先选择与我国签订了有关税收优惠协定的国家的产品进口,选择较低的关税税率。另外,还可充分利用实质性加工标准的规定进行纳税筹划。

红梅公司是大型纺织机械设备贸易的厂家,如果其纺织机械的配件可以分别从日本、韩国、泰国、巴基斯坦等多个国家进口,那么纺织机械设备的组装厂应安置在何处?

筹划分析:

纺织机械设备的组装厂当然要安置在与我国签订了关税优惠协定的国家。在确定纺织机械设备的组装厂时还要注意一些事项,比如:节约关税和经营成本孰高孰低的比较;不同优惠国之间优惠政策的比较;劳动力成本的比较;该国家或地区的政治经济形势是否稳定,是否施行外汇管制和出口配额控制及其他一些影响因素。

在确定了组装厂所在地后,若加工增值部分达不到产品总值的30%,则可以用关联企业之间的转让定价等方法,降低其他地区的零部件价格,从而加大组装厂增值部分的比重,使其增值部分超过30%,成为实质性加工,这样其产品就可享受到相应的税收优惠。

(2)零部件与成品进口关税税率的筹划

虽然进口关税税率是不可变的,但是通过分析不难发现,原材料、零部件的关税税率与成品的关税税率相比,原材料和零部件的关税税率最低,半成品的税率次之,产成品的税率最高。因此,企业可以考虑进口原材料和零部件进行加工生产,从而降低关税税负。

国外某汽车生产公司A向中国汽车销售公司B销售100辆小汽车,每辆小汽车的完税价格为8万元。假定适用进口环节的关税税率为60%,消费税税率为5%,增值税税率为13%。请对A公司的关税进行筹划。

筹划分析:

如果完全按市场价格进口,则应纳税额情况如下。

应缴纳关税税额＝8×100×60%＝480(万元)

应缴纳消费税税额＝(8×100+480)÷(1−5%)×5%≈67(万元)

应缴纳增值税税额＝(8×100+480)÷(1−5%)×13%≈175(万元)

应纳税额合计＝480+67+175＝722(万元)

现在对A公司进行关税筹划,建议A公司在中国设立自己的汽车组装公司兼销售公司C,并将原来进口整装汽车的方式改为进口散装汽车零部件。一辆汽车的全套零部件以6万元的价格转让给C公司,散装零部件进口环节关税税率为30%,而且进口环节不需缴纳消费税,则应纳税额情况如下。

应缴纳关税税额＝6×100×30%＝180(万元)

应缴纳增值税税额＝(6×100+180)×13%≈101(万元)

应缴纳税额合计＝180+101＝281(万元)

经过筹划后,进口环节的税款为281万元。当然增值税和消费税在以后的生产环节尚需补缴,但延缓了纳税时间。而仅就关税的减少额而言,该企业至少节约了税款300(480−180)万元。

（3）行邮税税率的筹划

根据《中华人民共和国进出口关税条例》的规定，入境旅客行李物品和个人邮递物品系指进入我国关境的非贸易性的应税自用物品，其中就包括馈赠物品。对这些物品征收的进口税包括关税、代征的国内增值税和消费税。纳税人是入境行李物品的携带人和进口邮件的收件人。

税法对图8-2所示的商品规定的关税税率差异很大。

图8-2　税法对不同商品税率的规定

李彤在国外买了1000美元的化妆品、500美元的酒、2000美元的高档手表，作为礼物馈赠亲人，那么李彤在归境时应缴纳的关税税额为：

1000×50%+500×50%+2000×50%＝500+250+1000＝1750（美元）

李彤购物总价为3500（1000+500+2000）美元，而为此缴纳的关税竟占了物品的50%（1750÷3500），肯定会觉得税负重了。若是事先考虑关税的话，不妨买一些关税税率较低的礼品。比如，购买金银首饰3500美元，那么应缴纳的关税税额为455（3500×13%）美元，便节约了1295（1750-455）美元。不过，出国购物受诸多因素的影响，节税只是应考虑的因素之一。

8.1.3　关税计税依据的纳税筹划

完税价格的确定是有较大弹性的。关税的计税依据主要有两种，即从量计征和从价计征，部分货物还会采取从量和从价混合计征的办法。从量计征适用的范围窄，从价计征适用的范围宽。

凡是适用从价计征的物品，完税价格就是它的税基。在同一税率下，完税价格高，税负则重；完税价格低，税负则轻。政府还以海关价格作为对外贸易统计的价格依据，海关作价制度的主要内容是确立完税价格准则及价格基础，例如，以到岸价格、离岸价格、出口价格、审定价格等作为价格依据等。

（1）进口货物完税价格的筹划

我国对进口货物完税价格的确定主要有两种情况，如图8-3所示。

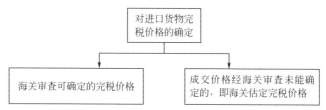

图8-3　对进口货物完税价格的确定

1）海关审查确定完税价格的筹划

进口货物以海关审定的正常成交价格为基础的到岸价格作为完税价格。到岸价格包括货物价格，加上货物运抵我国关境内输入地点起卸前的包装费、运费、保险费和其他劳务费等费用。成交价格实际上是指进口货物的买方为购买该项货物而向卖方实际支付的或应当支付的价格，该成交价格的核心内容是货物本身的价格（不包括运保费、杂费的货物价格）。该价格除包括货物的生产、销售等成本费用外，还包括买方在成交价格之外另行向卖方支付的佣金。筹划时可选择同类产品中成交价格比较低的及运输、杂项费用相对小的货物进口，才能降低完税价格。

案例 5

韩劲蓝莓加工企业计划进口50吨蓝莓，供应商主要有两个国家：智利和西班牙。智利的蓝莓品质较高，价格为18000美元/吨，运费50000美元；西班牙的蓝莓品质较低，价格为10000美元/吨，运费80000美元。假设蓝莓进口关税税率为20%，暂不考虑其他条件，那么应该选择哪一个国家进货完税价格才能较低呢？

筹划分析：

若从智利购进蓝莓，其完税价格为：
50×18000+50000＝950000（美元）

若从西班牙购进蓝莓，其完税价格为：
50×10000+80000＝580000（美元）

不同产地的完税价格完全不同，从西班牙购进蓝莓的完税价格为580000美元，至少可以节税74000［（950000−580000）×20%］美元。

2）海关估定完税价格的筹划

有些进口货物，海关无法按审定成交价格法确定其成交价格，则主要采取以下方法依次估定完税价格：相同货物成交价格法、类似货物成交价格法、国际市场价格法、国内市场价格倒扣法、由海关按其他合理方法估定的价格。此种情况下，纳税筹划的关键在于充分运用海关估定完税价格的有关规定。按照规定，对于目前市场上还没有或很少出现的高新技术产品、特种资源和新产品，因为没有确定的市场价格而且其预期市场价格高于目前类似市场产品的价格，纳税人可适当调低完税价格。

（2）出口货物完税价格的筹划

出口货物的确定方法也分为以成交价格为基础的完税价格和海关估价法。需要注意的是，出口货物的离岸价格，应以该货物运离国境前的最后一个口岸的离岸价格为实际离岸价格。如果该货物从内地起运，则从内地口岸至国境口岸所支付的国境内段运输费用应予扣除。另外出口货物的成交价格如为货物价格加运费价格，或为国外口岸的到岸价格时，则应先扣除运费并在扣除保险费后，再按规定公式计算完税价格。尤其是运费成本在价格中占有较大比重时，更不能忽视扣除运费。

另外，如果在成交价格外，还支付了国外的与此项业务有关的佣金，则应该在纳税申报表上单独列明。这样，该项佣金就可以予以扣除。但如未单独列明，则不予以扣除。

8.1.4 出口货物应对特别关税政策的纳税筹划

面对全球化的市场，国内企业对外商品和劳务的出口规模和品种进一步扩大，但出口也可能遭遇进口国竞争者的倾销起诉，以及倾销成立后的反倾销税。

反倾销税由于高税率完全能够使原有的市场丧失殆尽，因此，国内企业在进行对外贸易时，必须全面了解进口国的关税政策，并做好各种准备，提防出口产品受到倾销指控；若遇到被征收反倾销税，应积极应诉，以维护自己的正当利益。

具体可从图8-4所示的3个方面做起。

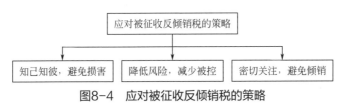

图8-4 应对被征收反倾销税的策略

（1）知己知彼，避免损害

要求进口国厂商采取降价促销的营销手段是不可取的；全面搜集有关资料信息情报，有效地获取进口国市场的商情动态，查证控诉方并未受到损失，以便在应诉中占有有利地位；在出口地设厂，筹建跨国公司，这样可以使我方产品免受进口配额等歧视性贸易条款的限制；以便利的销售条件、优质的产品、高水平的服务和良好的运输条件占领市场，提高企业产品的价值（效用），降低其替代率，从而增强外方消费市场对我方产品的依赖性，获取稳定的客户群。

（2）降低风险，减少被控

提高产品附加值，取消片面的低价策略。我国出口产品基本上属于资源密集型和劳动密集型，初级产品比重高，产品档次低，附加值少，价格很难提高。

从长远来看，我国企业应大力着手从初低级产品的形象中走出来，改变出口产品结构；组建出口企业行业协会，加强内部协调和管理，一旦出现反倾销调查，可以集中力量应对；分散出口市场，降低受控风险。

（3）密切关注，避免倾销

欧美国家的商业裁判机构每征满一年反倾销税时，便会重新调查该倾销商是否仍有倾销行为。这时应及时上调价格，就能被认为不具有倾销行为，从而可使被征的反倾销税也立即被取消，调整产品利润预测，改进企业会计财务核算，以符合国际规范和商业惯例。

同时，还要密切关注国际外汇市场的浮动状况；组织国外进口商，推动其反贸易保护活动。因为一旦我方产品被征收反倾销税，受损失的还有外国进口商。我们可通过加强与当地工商组织的交流，以实际的商业利益为筹码促使其向政府施加压力。

8.2 印花税纳税筹划

8.2.1 印花税征收范围的纳税筹划

印花税是对经济活动和经济交往中订立、领受具有法律效力的凭证的行为所征收的一种税。印花税的纳税人包括在中国境内设立、领受规定的经济凭证的单位和个人。

印花税的税目，指印花税税法明确规定的应当纳税的项目，它具体划定了印花税的征收范围。一般情况下，列入税目的就要征税，未列入税目的就不征税。不同的税目，征收的税率不同，这便为纳税筹划提供了空间。比如：购销合同，包括供应、预购、采购、购销、结合及协作、调剂等合同，印花税税率为0.3‰；加工承揽合同，包括加工、定作、修缮、修理、印刷、广告、测绘、测试等合同，印花税税率为0.5‰。

既然税目不同，税率不同，那么企业在签订合同时，就不能眉毛胡子一把抓，而应该对不同税目的经济业务，进行单独列示，便于减轻印花税税负。

（1）签合同时分列项目的筹划

一项合同可能涉及多项经济业务，或者一项业务可能涉及不同的税目，承担不同的税负。如果能区别对待，便能减轻税负；若混为一体，则从高纳税。因此，签订合同时，要掌握这种技巧。比如：加工承揽合同规定由受托方提供原材料的，若合同中分别记载加工费金额和原材料金额的，则应分别计税。加工费金额按加工承揽合同运用0.5‰税率计税，原材料金额按购销合同适用0.3‰税率计税，并按两项税额相加的金额贴花。若合同中未分别记载两项金额，应按全部金额依照加工承揽合同，适用0.5‰税率计税贴花。

案例 6

中山表把厂与羽航加工厂签订了一份加工承揽合同。合同规定：中山表把厂委托羽航加工厂抛光一批表把，加工所需的表把及砂轮等均由中山表把厂提供。羽航加工厂收取加工费、原材料及零配件费共计200万元。请对羽航加工厂的印花税进行筹划。

筹划分析：

中山表把厂与羽航加工厂签订了200万元的加工承揽合同，由于加工费与材料合在一起，应从高计税，那么羽航加工厂应缴纳的印花税税额为：

2000000×0.5‰＝1000（元）

根据税法规定，加工承揽合同的计税依据为加工或承揽收入。如由委托方提供原材料金额的，可不并入计税依据，但受托方提供辅助材料的金额，则应并入计税全额。那么，可以对加工承揽合同重新签订，注明羽航加工厂收取加工费50万元，中山表把厂提供原材料及零配件150万元。

那么羽航加工厂应缴纳的印花税税额为：

500000×0.5‰＝250（元）

相比之下，羽航加工厂节省了750（1000-250）元。

（2）减少合同主体的印花税筹划

根据印花税相关法规，对于应税凭证，凡是由两方或两方以上当事人共同书立的，其当事人各方都是印花税的纳税人。那么，适当减少合同主体，便可以减少纳税主体。

在一份经济业务合同中，可能涉及多位当事人，在书立合同时，往往需当事人共同订立。但若存在减少合同主体的可能，即这类当事人不参与订立也不会对合同产生影响，这样的当事人便可以不出现在合同上。比如，A方与B方、C方签订合同，B方与C方的基本利益一致，就可以委派一名代表，让其和A方签订合同，那么合同的印花税纳税人便只有A方和B方（或C方）。再比如，A方与B方、C方签订合同，但B方与C方是夫妻或兄弟关系，彼此之间是信任的，那么也可以委派一方与A方签约。

（3）减少签订合同的印花税筹划

印花税是一种行为税，其课税对象是书立、使用、领受应税凭证的行为。也就是说，只要发生了书立、使用、领受应税凭证的行为，就必须依法履行印花税纳税义务。没有这种行为，则不必纳税。

当然，一般的合作都需要签订合同，签订合同的目的是明确交易双方的权利义务关系。那么，什么情况能减少签订合同呢？比如：金额较小的零星采购不必签合同；分公司之间不需要签订合同；集团内部之间的调拨等。

就集团企业而言，集团内部具有独立法人资格的各公司之间，总、分公司之间，以及内部物资、外贸等部门之间使用的调拨单（或卡、书、表等），若只是内部执行计划使用，不用于明确双方供需关系，据以供货和结算的，无须缴纳印花税。而且对于集团内部企业来说，合同约束只是途径之一，还可以通过管理手段来干预内部企业的经济往来。若是签订了正式合同，必定要缴纳印花税；若是通过管理手段来实现控制职能，就不用缴纳印花税了。

8.2.2 印花税适用税率的纳税筹划

印花税共有13个税目，不同税目的税率都有规定。根据税法的规定，各类经济合同订立后，不论合同是否履行，都应按合同上所记载的金额、收入或费用为计税依据，依照不同项目的适用税率，计算缴纳印花税。在可能的情况下，应尽可能选择低税率。

郁州广告公司为某集团制作大型户外广告，总价值为100万元，制作户外广告加工所需原材料60万元，广告制作费40万元。那么，郁州广告公司应如何签订合同并进行印花税筹划？

筹划分析：

若郁州广告公司在签订合同时，以总价值100万元作为标的，加工承揽合同的印花税率为0.5‰，那么，郁州广告公司应缴纳印花税税额为：

$$1000000 \times 0.5‰ = 500（元）$$

若郁州广告公司在签订合同时，以材料和加工费分别签订合同，购销合同的印花税率为0.3‰，那么，郁州广告公司应缴纳印花税税额为：

$$600000 \times 0.3‰ + 400000 \times 0.5‰ = 380（元）$$

因此建议郁州广告公司在签订合同时，能考虑购销合同的低税率因素，尽可能择低计税。

税法规定，同一凭证因载有两个或两个以上经济事项而适用不同税目税率，如分别记载金额的，应分别计算应纳税额，相加后按合计税额贴花；如未分别记载金额的，按税率高的计税贴花。

为了避免因未分别记载金额而从高计税，在签订合同时，必须将不同税目的金额分别列示，以便于适用不同税率。

易得工厂与某物流公司签订纺织机械运输合同，合同约定，纺织机械的运输费及保管费共计80万元，其中运输费70万元，保管费10万元。请对该合同进行纳税筹划。

筹划分析：

该合同中涉及货物运输合同和仓储保管合同两个税目，两者税率是不同的，货物运输合同的税率为0.5‰，仓储保管合同的税率为1‰。若是不分开运输和保管，那么从高选择税率，其应缴纳的印花税税额为：

$$800000 \times 1‰ = 800（元）$$

但如果分别核算了,其应缴纳的印花税就降低了,为:
$$700000×0.5‰+100000×1‰=450(元)$$
显然,分别核算的税额少于合并核算的税额。

8.2.3 印花税计税依据的纳税筹划

签订合同的印花税计税依据是合同金额,因此,为合理筹划就可以在合同金额上动脑筋,争取以降低合同金额,来降低印花税税负。具体有图8-5所示的5个做法。

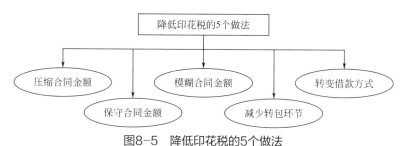

图8-5 降低印花税的5个做法

（1）压缩合同金额

签订合同时,合同各方都必须缴纳印花税,因此为了降低税额而采取压缩金额的策略便容易为合同各方所接受。特别是多次合作的双方,彼此不但有着良好的信誉,而且有着一定的依存关系,这时候能不签合同的可以免签,能降低金额的可以降低,对彼此间都有益处。

大爱公司和同心公司是长期合作的伙伴,彼此间有着良好的信誉。大爱公司从事广告装潢,同心公司从事洗浴。大爱公司为同心公司进行楼层装潢,预算约100万元。但同心公司并不向大爱公司支付装修款项,而是约定在大爱公司的户外广告投放全年的广告,广告费100万元。双方应如何签订合同,才能节约税收?

筹划分析:

大爱公司和同心公司若是按100万元签订合同,则双方分别缴纳印花税税额为:
装潢合同印花税税额 = 1000000×0.5‰ = 500(元)
广告合同印花税税额 = 1000000×0.5‰ = 500(元)

如果双方进行友好磋商,双方提供的服务都降低利润空间,合同金额都为80万元,则双方分别缴纳印花税税额为:

装潢合同印花税税额＝800000×0.5‰＝400(元)

广告合同印花税税额＝800000×0.5‰＝400(元)

当然值得注意的是,合同金额必须符合同行业的行情,不能过高或过低。此外,还要考虑综合效益,降低合同金额无疑能降低印花税,还有增值税及各种附加税,但可能影响了企业的数据统计,模糊了企业的实际盈亏,减少了员工的效益工资等。

(2)保守合同金额

有时候,我们很难对合同金额给出准确的数据,比如建筑工程合同,虽然有预算,但也是预先估算,与实际结算有着差别。这时如果过高地估算合同金额,势必要多缴纳印花税。如果保守估算合同金额,便可以节约印花税。根据税法的规定,无论合同是否兑现或是否按期兑现,均应贴花。而且对已履行并贴花的合同,所载金额与合同履行后实际结算金额不一致的,只要双方未修改合同金额,一般不再办理完税手续。

案例 10

天衡商贸公司从四川购进一批2000吨的农副产品,存放在某港口仓库,准备对外销售,估计存放时间为两个月,但不能完全确定。港口仓库每天每吨收取仓储费2元。

筹划分析:

由于天衡商贸公司对销售市场及客户需求一时确定不准,导致仓储时间无法准确界定。天衡商贸公司估计存放时间为两个月,那么,天衡商贸公司在存贮时间上可以采取乐观估计或保守估计。

乐观估计两个半月的话,应缴纳的印花税税额为:

2000×2×75×1‰＝300(元)

保守估计一个半月的话,应缴纳的印花税税额为:

2000×2×45×1‰＝180(元)

(3)模糊合同金额

模糊合同金额,也是在当事人无法准确确定合同金额的情况下采用的一种办法。当然，能确定合同金额的情况下，也可以酌情采用此法。在签订数额较大的合同时，可以使合同上所载金额不最终确定，以达到少缴印花税税款的目的。

根据税法的规定，印花税的计税依据大多数都是根据合同所记载金额和具体适用税率确定。计税依据无法最终确定时，纳税人的应纳印花税税额也就相应地无法确定。而应纳税凭证应当于书立或者领受时贴花，也就是说经济当事人在书立合同之时，其纳税义务便已经发生，应该根据税法的规定缴纳应纳税额。

为保证国家税款及时足额入库，税法采取了一些变通方法。税法规定，有些合同在签订时无法确定计税金额，可在签订时先按定额5元贴花，以后结算时再按照实际的金额计税，补贴印花。比如：技术转让合同中的转让收入，是按销售收入的一定比例收取的或是按其实现利润多少进行分成的；租赁合同，只是规定了月（天）租金标准而无租赁期限的。

那么，企业通过延缓纳税，获得了货币的时间价值，赢得了资金的有效利用。

（4）减少转包环节

建筑安装工程由于工程量大、施工周期长、技术质量要求高等因素，会出现多个分包环节。根据印花税的规定，建筑安装工程承包合同的计税依据为合同上记载的承包金额，其适用税率为0.3‰。施工企业将自己承包的建设项目分包或者转包给其他施工企业所签订的分包合同或者转包合同，应按照新的分包合同或者转包合同上所记载的金额再次计算应纳税额。因为印花税是一种行为性质的税种，只要有应税行为发生，就应按税法的相关规定纳税。那么如果单纯从印花税的角度来考虑，就应该尽量减少签订承包合同的环节，以最少的可能书立应税凭证，从而达到节约部分印花税的目的。

（5）转变借款方式

根据税法的规定，银行及其他金融机构与借款人（不包括银行同业拆借）所签订的合同，以及只填开借据并作为合同使用，取得银行借款的借据，应按照"借款合同"税目缴纳印花税，而企业之间的借款合同则不用贴花。

所以，企业可以在借款方式上有所选择。无论是向金融机构借款，还是向其他企业借款，所产生的利息在规定的范围内都是可以税前扣除的。不同的是，向金融机构借款是要缴纳印花税的，而后者不用。因此，若单独从印花税这个角度来筹划，向企业借款更能节税。

当然，向企业借款也应注意的是利率一般比金融机构提供借款的利率高。

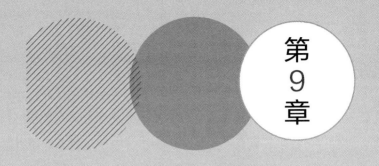

第9章

行业筹划
——不同行业的节税技巧

如何合法合理地减少税负,如何有效进行行业纳税筹划,一直是各行各业都在追求的目标。企业在发展、成长和竞争的道路上,需要不断地降低成本、降低税负,来实现利益的最大化,来提高市场竞争力,而过高的税负必然阻滞企业利润的增长,轻则影响企业的规模发展,重则导致企业在竞争中失利。

9.1 房地产企业的纳税筹划

9.1.1 利息支出扣除筹划土地增值税

随着房地产企业的迅猛发展,房地产行业成为重要的税收贡献行业。税收对房地产企业的发展具有较大影响,我们可以通过分解房地产行业的各个运营流程,结合税收计算方式,进行纳税筹划,从而降低企业经营成本。通过降低税负来节约成本,进而获取更高利润,这种方式已经成为房地产企业日渐重视的财务运作模型。

根据税法的规定,与房地产开发有关的利息支出有两种情况确定扣除。

一是凡能按转让房地产项目分摊并提供金融机构证明的,允许据实扣除,但最高不得超过按商业银行同期贷款利率计算的金额;其他房地产开发费用,按取得土地使用权所支付的金额和房地产开发成本金额的5%以内计算扣除。

公式①:房地产开发费用=允许扣除的利息+(取得土地使用权支付的金额+房地产开发成本)×扣除比例(5%以内)

二是凡不能按转让房地产项目计算分摊利息支出或不能提供金融机构证明的,利息支出要并入房地产开发费用一并计算扣除。房地产开发费用,按取得土地使用权所支付的金额和房地产开发成本金额的10%以内计算扣除。

公式②:房地产开发费用=(取得土地使用权支付的金额+房地产开发成本)×扣除比例(10%以内)

以上两类计算扣除的具体比例,由省级人民政府具体规定。

如果公式①中的利息支出大于公式②计算出的利息支出,则企业应正确分摊利息支出并提供金融机构证明;如果公式①中的利息支出小于公式②计算出的利息支出,则企业可以不按照转让房地产开发项目计算分摊利息支出,或不提供金融机构证明,这样可以使扣除项目金额增加,土地增值税的计税依据减少。

9.1.2 提高精装修房的比例

精装修房是房地产公司在毛坯房的基础上装修后再对外出售的房屋。房地产公司进行装修时,需要购进各类装修材料、饰品及家电等,这部分材料器具是可以取得增值税专用发票的,可以进行抵扣,购进货物的抵扣税率为13%。

根据税法的规定,房地产企业销售不动产,将不动产与货物一并销售,且货物包含在不动产价格以内的,不单独对货物按照适用税率征收增值税。所以,购买精装房赠送的家具、家电等物品,不必按商品税率征收增值税,而是按销售不动产适用税率申报缴纳增值税。

销售不动产适用增值税税率为9%,而购进装修材料等适用增值税税率为13%。那么销售精装房时,不仅有装修业务形成的利润,还有增值税进销税率差异形成的利润。因此,若在商品房买卖合同中注明销售精装商品房,其附带销售的家用电器、家具等,都可以依照混合销售中的相关规定,按9%计算销项税额,按13%抵扣进项税额。

9.1.3 合理规划消费者的比例

房地产的消费群体分为两种:一是自然人,购买住宅房;二是法人,购买商业用房。用于住宅的消费者大多为自然人,法人企业购房大多作为商业用途。税法规定,企业可以为法人企业开具增值税专用发票,但不允许为自然人开具增值税专用发票。那么,在相同的房产价格情况下,自然人消费者的负担比法人企业要高,因为法人获得增值税专用发票后可以抵扣,从而减轻税负。而自然人则要全额承担房产税负。

因此,房地产公司在前期规划准备时,可加大商业地产比例,以此转移税负,调整产品结构,多业态并行。这样,即使商业地产价格提高了,只要商品价格略微提高的幅度低于他们可取得的进项抵扣额,法人企业是能够接受的。

9.1.4 代收费用的纳税筹划

房地产开发企业在销售不动产时,需代其他部门收取一些诸如城建配套费、维修基金等费用。目前,企业可以有两种收取方式:一是将代收费用视为房产销售收入,并入房价向购买方一并收取;二是在房价之外向购买方单独收取。从土地增值税的角度分析,两种方式的税收待遇是不一样的。

根据规定,房地产开发企业在售房时按县级及县级以上人民政府要求代收的各项费用,如果代收费用未计入房价中,而是在房价之外单独收取的,可以不作为转让房地产的收入,在计算增值额时也不允许扣除代收费用;如果代收费用是计入房价中向购买方一并收取的,要作为转让房地产所取得的收入计税,在计算扣除项目金额时,可予以扣除,但不允许作为加计20%扣除的基数,以上规定显然为纳税筹划创造了空间。

廷国房地产开发公司出售一栋商品房,销售收入3000万元,并按当地政府要求代收了200万元的各项费用。房地产开发企业开发该商品房的支出如下:支付土地出让金200万元,房地产开发成本为600万元,其他允许税前扣除的项目合计200万元。

筹划分析:

① 如果公司未将代收费用并入房价,而是单独向购房者收取,则:
允许扣除的金额=200+600+200+(200+600)×20%=1160(万元)
增值额=3000−1160=1840(万元)
增值率=1840÷1160≈158.62%
应缴纳的土地增值税税额=1840×50%−1160×15%=746(万元)

② 如果公司将代收费用并入房价向购买方一并收取,则:
允许扣除的金额=200+600+200+(200+600)×20%+200=1360(万元)
增值额=3000+200−1360=1840(万元)
增值率=1840÷1360≈135.29%
应缴纳的土地增值税税额=1840×50%−1360×15%=716(万元)

由上可见,廷国房地产开发公司无论代收费用的方式如何,其销售该商品房的增值额均为1840万元,不过将代收费用并入房价时,会使得可扣除项目增加了200万元,从而使纳税人少缴纳税款30万元,导致应纳的土地增值税税额减少。

9.1.5 土地增值税税率筹划

土地增值税适用四级超率累进税率,其中最低税率为30%,最高税率为60%。如果对增值率不同的房地产合并在一起核算,就可能平均了增值率,改变了房地产的适用税率,使高增值率房地产的税负下降,同时会提高低增值率房地产的适用税率,增加这部分房地产的税负。如果纳税人能分别测算分开核算与合并核算的应纳税额,再去选择低税负,就能够达到节约税负的目的。

冬林房地产开发公司同时开发甲、乙两幢商业用房,且处于同一片土地上。销售甲房产取得收入300万元,允许扣除的金额为200万元;销售乙房产共取得收入400万元,允许扣除的项目金额为100万元。对这两处房产,公司是分开核算还是合并核算呢?

筹划分析:

① 分开核算时:

甲房产的增值率=(300−200)÷200×100%=50%(适用税率30%)

应纳的土地增值税税额=(300−200)×30%=30(万元)

乙房产的增值率=(400−100)÷100×100%=300%(适用税率60%)

应纳的土地增值税税额=(400−100)×60%−100×35%=145(万元)

甲、乙房产共缴纳土地增值税税额=30+145=175(万元)

② 合并核算时:

两幢房产的收入总额=300+400=700(万元)

允许扣除的金额=200+100=300(万元)

增值率=(700−300)÷300×100%≈133.33%(适用税率50%)

应纳的土地增值税税额=(700−300)×50%−300×15%=155(万元)

通过比较可以看出,甲、乙房产合并核算对公司是有利的,可以节税20(175−155)万元。

9.1.6 采取甲供材方式

甲供材是指由甲方(房地产企业)提供材料。甲方提供的材料一般为大宗材料,包括钢板、钢筋、水泥、管材等。采取甲供材方式的,需要在甲方与乙方(施工方)签订施工合同时事先约定。

甲供材属于甲方采购大宗材料,当甲方采购材料时,可以从供应商那里取得增值税专用发票,可以按采购货物来计算进项税额,抵扣率为13%;如果不是甲供材,则由施工方购买所有材料并提供建筑劳务。施工方向甲方开具发票时,统一为建筑服务或施工费,抵扣率为9%。显然甲供材的方式能给企业提供较高的进项税额,从而降低税负。所以,房地产企业在与施工企业签订合同时,应根据自身条件优势,与建筑施工企业进行协商,从而将利润最大化。

9.1.7 选择抵扣税率高的企业

施工企业是小规模纳税人时，往往不能提供增值税专用发票。即便申请代开专用发票，也只能提供税率为3%的进项税。而如果施工企业为一般纳税人时，则可以提供增值税专用发票，且抵扣率为9%。当然，一项工程需要综合考虑，既要考虑税负，还要考虑施工质量、安全生产、工程成本等。倘若在这些资质和能力都相同的情况下，小规模纳税人企业报价相比一般纳税人企业报价的差额，高于进项税额时，也可以选择小规模纳税人企业。

另外，如果工程项目对景观设计和绿化设计等有要求时，也要注意选择不同的纳税人。购进花草树木，可以从销售企业取得13%的专用发票进行抵扣；聘用种植维护的服务企业时，往往只能取得6%的专用发票进行抵扣。

房地产公司往往将项目绿化设计等业务一揽子承包给一家公司，这时该公司的主营业务不同，将直接影响到进项税额的高低。如果是主营花草销售附带种植业务，则可以提供13%的专用发票；反之，如果主营种植维护附带花草销售，则只能提供6%的专用发票。房地产公司应该选择主营业务为销售的公司，才可以取得税率更高的进项税额。

9.1.8 选择劳务外包

房产销售方式有两种：一是公司内部成立营销部门；二是委托专业销售代理公司。第一种情况，即公司成立营销部门，支付营销人员的工资成本无法取得进项税发票；第二种情况，即劳务外包，让专业的销售代理公司提供销售人员进行营销活动。在相同成本的情况下，可以从销售代理公司取得进项税额，为企业节约销售成本。

房地产公司销售楼盘是分期销售的，如果在集中销售期间将销售业务外包给销售代理，待已销售面积达总面积的百分之七八十之后，再聘用少数几名销售顾问进行销售，则企业成本将会降低。

9.2 建筑安装企业的纳税筹划

9.2.1 对甲供材的纳税筹划

纳税筹划是企业从纳税的角度，在符合税法规定的前提下，最大限度地减轻企业的税收负担，谋求自身经济利益的最大化。就建筑安装企业而言，主要通过承包各种工程,提供建筑安装劳务来取得收入、实现利润。随着社会的快速发展,建筑企业竞争日渐激烈,于是减轻税负便逐渐成为建筑企业降低成本的一个重要手段。若能做好纳税筹划工作,对提升建筑安装企业的竞争力水平会产生影响。

甲供材是指施工过程中由建设企业直接购买材料、动力等,并将相应的购买价款抵扣建筑工程款。根据税法的规定,纳税人提供建筑劳务的,其营业额应包括工程所用原材料、设备及其他物资和动力价款在内。如果由建设企业甲供材,一般是直接从市场上购买,价格较高,而且在付施工企业工程款时是全额扣除。

施工企业购买材料时一定会精打细算,严格控制工程原材料的预算开支。施工企业一般与材料供货商有长期合作的关系,价格上既可以得到优惠,又可以按比例支付,不仅扩大利润空间,还降低了资金成本。所以,实际工作中施工企业尽量与建设企业不签甲供材合同。

此外,大多数建筑材料的税率为13%,建筑工程的税率为9%。也就是说,销项税率是小于进项税率的。若非甲供材项目,建筑安装企业便可以因为销项税率低、进项税率高而少承担增值税。若采取甲供材,建筑安装企业实行简易征收,增值税税率为3%,但进项税不能抵扣。显然,甲供材项目的税负高于非甲供材项目的税负。

9.2.2 对劳务用工的筹划

一般来说,施工企业使用劳务用工有两种情况:一是直接与劳务用工签订劳务合同;二是与劳务公司签订工程劳务分包合同。采用第一种方式对施工企业存在以下风险:劳务用工与企业虽然签了劳务合同,但要缴纳社保;如果不存在劳动合同关系,所发的工资税务部门不认可,税前扣除有困难。劳动保障部门会要求企业为劳务用工购买综合社会保险,增加企业负担;还可能涉及代扣代缴个人所得税等税务风险。相比而言,采用第二种方式对施工企业更加有利:劳务公司开具的发票可以税前扣除;不存在代扣代缴个人所得税问题;无须为劳务用工缴纳社保等。

建筑企业在分包施工劳务时,可以要求工程队成立劳务公司。这样不但可以收到工程队开具的工程发票,还可以将因用工可能产生的社保、合同、工伤等风险转嫁给工程队。

9.2.3 适当进行业务拆分

建筑企业在招投标过程中,往往以集团公司的名义中标,由集团公司与甲方企业签订总承包合同。总承包合同中,可能包括勘察、设计、安装、施工、装饰等多个部分。集团公司应注意其中有不同税率的项目，将总承包项目进行拆分，分包给下属子公司。比如，勘察、设计项目适用6%的增值税税率，安装、施工、装饰则适用9%的增值税税率。同时，若预计可能取得的进项税额较少，在签订分包合同时可以选择清包工、甲供材等方式，采用简易计税方法。

如果项目的施工地属于偏远地区，且有地方性的税收优惠政策（如企业所得税的减免、附加税费的减免等），则可以考虑在施工地设立子公司，充分利用当地的税收优惠政策进行纳税筹划。对于不能取得增值税专用发票进项抵扣的项目，可以考虑将该项业务整体外包给其他企业，以购进服务的方式取得可以抵扣的进项税额。

9.2.4　调减人工成本的筹划

人工成本在建筑业中所占的比重较大，且无法抵扣进项税额，还面临着劳务合同、社保、个税等系列问题。所以，建筑企业应考虑是否减少企业本身的人工成本支出。比如，施工设备的操作，是否可以在设备租赁中让出租方配备操作人员；在采购电缆时，是否可以将电缆铺设包含在电缆采购合同中，这样就可以减少建筑企业自身的人工成本支出，增加了租赁或材料成本。这些成本是可以取得增值税专用发票的，可以增加建筑企业可抵扣的进项税额。

9.2.5　在异地预缴企业所得税的筹划

企业可以通过改变组织形式进行纳税筹划。新的企业所得税法实行的是法人所得税体制，企业有不同的组织形式，不同的组织形式决定着是否构成纳税法人。公司在异地设立分公司的组织形式，会对企业所得税税负产生影响。税法规定，凡是办理了工商税务登记和能独立核算的分公司，必须要在设立地点单独缴纳企业所得税。如果分公司盈利，母公司亏损，其利润并不能并入母公司利润，造成盈亏不能相抵而多缴纳企业所得税的结果。相反，如果分公司亏损，母公司盈利，同样盈亏不能相抵。因此，在设立分公司时应将核算模式改为不能独立核算（不能独立核算收入、成本、费用。会计核算方式一般由税务机关核定为非独立核算，不具备开具发票的资格），依照税法的相关规定来预缴分公司的企业所得税。在年度决算时，可以将分公司、母公司利润合并汇总后计算应缴纳的企业所得税，且分公司预缴的企业所得税可以在母公司应缴纳的企业所得税中抵扣，从而达到降低企业税负的效果。

9.2.6　租赁性筹资的纳税筹划

租赁分为两种形式：一是融资租赁，二是经营租赁。企业可以通过平稳支付租金来降低税负，增加企业收益。其中，融资租赁这种筹资的方式比较特殊，它可以迅速地获得使用资产的权利，并且能够规避使用权带来的风险。在所有的融资租赁费用中，承租方交付使用后支付的利息以及支付的手续费都可以直接从纳税所得额中扣除。

另外，在融资中用于改良租入设备的费用可以延长到5年内来摊销。对于企业固定资产的改良费用则是作为资本性支出来处理，以使企业的固定资产增值。而由于固定资产一般有高于5年的折旧年限，所以融资租赁可以摊销固定资产改良的费用，从而达到降低税负的目的。

经营租赁对承租人有益处。首先，其可以避免因长期拥有固定资产的使用权而带来的风险。其次，企业可以通过支付利息来减少企业的收益从而降低税负。如果承租人和出租人在同一个利益圈子里，企业和企业之间就可以直接转移资产。还可以从集体利益出发来收取一定的租金，实现集团的利润转移，从而有效地降低税负。

总的来说，企业在筹资过程中进行税务筹划时，应该综合考虑企业资金成本，分析根据企业资本结构的变化来选择怎样的筹资方式，以及思考因利润的提高带来的风险，企业承受风险的能力，如何平衡风险和利润之间的关系。债务比率不能一味地强调税率的最低，要把企业利润的最大化作为纳税筹划的目标，并且要综合多方面的因素和企业自身的情况来做最恰当的安排。

9.2.7　利用税收优惠政策

税种设计中税收优惠是不可缺少的要素，国家为了鼓励区域、产业的发展和增强税收的调节功能，通常在税种设计时都以税收优惠条款的方式体现。因此，如果施工企业能够响应国家和地方的号召，利用好各种税收优惠政策条款，就能实现节税，以达到提高企业经济效益的目的。

比如，国家为了使中西部地区的区域经济快速发展，给予去中西部地区投资设厂的企业很大的税收优惠和减免政策；国家为了鼓励企业的技术改造升级，给予符合国家产业政策的技术改造项目的企业按一定比例的企业所得税给予抵免，并且规定技术开发费在按规定实行全额扣除的基础上，允许再按当年实际发生额的一定比例，在企业所得税税前加计扣除。

这些税收优惠政策给予施工企业很大的纳税筹划空间，也鼓励和刺激了施工企业的技术改造和创新、研发新工艺和增强市场竞争的能力。

9.2.8 利用工程合同的方式进行纳税筹划

在施工企业的工程承包方式中，尽量选择包工包料的方式。根据我国相关法规细则的规定，施工企业以包工包料形式从事建筑、修缮等工程作业时，其营业额均要包含所用的原料及物资的价格在内。

因此，施工企业在承包工程时，尽量采用这样的方式，然后严格管理，控制原料开支，降低应纳税额，从而达到合理避税的目的。同时在合同中注意利用缴税时间不同，进行纳税筹划。通常实行合同完成一次性结算价款办法的工程项目，其纳税义务发生时间为工程合同价款结算的当天。

但由于施工企业通常具有工程周期长的特点，因此施工企业在选择结算方式时，不要将预收款的时间当作结算时间，应尽量往后推迟结算时间，使得纳税发生的时间也向后顺延，这有利于增加企业的运营资金，使企业获取最大的资金价值，从而为施工企业的生产经营提供便利。

9.2.9 减少建筑施工营业额的筹划

我国税法规定，建筑施工企业纳税人，纳税营业额应该包括工程所用的原材料和其他物资及动力的价款总和。所以，可以通过纳税筹划改变原材料的购买，降低营业额的方法，来实现节税的目的。

此外，我国税法还规定，企业从事安装工程作业，当安装的设备价值作为安装工程产值时，在营业额中必须包括设备的费用。这样，就可以通过纳税筹划改变安装工程的产值，以降低营业额来达到节税的目的。

9.2.10 选择适合企业发展的计税方式

建筑企业在计税方式上有两种选择，分别是一般纳税人和小规模纳税人。符合条件的一般纳税人建筑企业，适用增值税一般计税方法，税率为9%，但能够进行进项税额抵扣。而对于小规模建筑企业来说，其增值税税率为3%，但不参与进项税额抵扣项目。

因此，建筑企业可根据自身发展的实际，合理选择增值税纳税人类型，进而减轻企业纳税负担。

总之，建筑施工企业的纳税筹划是个系统工程，需要对国家相关税收法规、政策非常熟悉和了解，并结合本企业的实际，在整个生产经营管理过程中进行纳税筹划，这样才能抓住机遇，为企业争取利益最大化。同时，还需要加强与主管税务机关之间的沟通，及时了解有利于本企业的税收政策，使纳税筹划工作方案能够得到主管税务机关的认可。

9.3 设计院企业的纳税筹划

9.3.1 纳税人身份选择的纳税筹划

根据税法的规定，对于服务性企业来说，应税服务年销售额500万元以下的纳税人，可以认定为小规模纳税人，征税率为3%；应税服务年销售额大于等于500万元的纳税人应认定为一般纳税人，税率为6%。

对于设计院这类企业来说，税前可以扣除的项目主要是人工费和管理费以及设备折旧等。设计公司的物资材料费很少，因而能抵扣的进项税额就很少。所以，设计企业应尽量认定为小规模纳税人，税率为3%，无须进项税额抵扣。如果被认定为一般纳税人，税率为6%，能抵扣的进项税额又很少，必然增加税负。

对于年营业额超过500万元的设计企业来说，可以通过设立多家设计企业，来拆分营业收入，以争取被认定为小规模纳税人，保持较低的税负。

9.3.2 控制开票时间延迟纳税

税务部门在增值税的征收管理上采取的是"以票控税"管理模式，当企业开具增值税发票后，在次月必须向税务机关申报缴纳税金。简言之，开票就交税。于是就出现这样一种情况，假如客户在收到发票后并未马上付款，势必需要企业在未收到营收款时先垫付税金。

设计企业的客户大多是房地产商，而且设计项目往往先于工程施工。房地产商在前期投入的资金都是自筹或贷款，资金很紧张，只有到了房产开始认筹和订购阶段，资金才会富足。所以，在前期支付设计费等款项时，往往一拖再拖。设计企业若开了票，便有垫付税金的可能，便会损失已缴纳税金的时间价值和机会成本。

所以，企业在开票前，应先与客户沟通好付款进度，控制好开票时间及回款时间，尽可能将两者处于同一申报期间，避免垫付税金。

9.3.3 进项税额抵扣的纳税筹划

设计企业一旦被认定为一般纳税人后,由于抵扣的进项税额较少,税负便有所增加。为降低税负,设计企业采购付款时应尽可能取得增值税专用发票,可抵扣的进项税额越大,应纳税额越小。

设计企业购进项目可以取得增值税专用发票的主要事项有以下11项。

① 分转包设计费、模型效果图费、晒图费。
② 购买固定资产:包括电脑、复印机、办公家具等。
③ 购买无形资产:如CAD、设计软件、软件开发服务、软件咨询服务等。
④ 支付维修保养费:工程复印机维护费、复印机维修、汽车维修等。
⑤ 购买办公用品:文具、墨盒硒鼓、描图纸、绘图纸等。
⑥ 有形资产租赁:汽车、复印机、打图晒图一体机的租赁费。
⑦ 货物运输代理费。
⑧ 汽油费:以公司名义购买油卡。
⑨ 鉴证咨询服务:如律师事务所及会计师事务所咨询鉴证业务、建筑图纸审核服务等。
⑩ 广告服务:广告设计、策划、制作、发布、宣传等。
⑪ 会议展览费。

这些事项在支付款项时,尽可能索取增值税专用发票。对于进项少的设计企业来说,取得每一张进项发票都很重要。

此外,也可以将某些设计项目转包给其他设计企业,然后通过支付设计费取得专用发票,来增加企业的进项税额。

9.4 物流企业的纳税筹划

9.4.1 选择小规模纳税人的纳税筹划

物流企业为一般纳税人时,货物运输等业务按照交通运输业缴纳11%的增值税,仓储搬运等业务按照现代服务业缴纳6%的增值税。如果物流企业不能取得足够的增值税进项税额,其税收负担必然增加。当物流企业为小规模纳税人时,由于小规模纳税人适用3%的征收率,且增值税具有价外税的特点,因此物流企业在不能取得足够的增值税专项发票时,尽可能保持小规模纳税人的身份。

营改增小规模纳税人的标准为年销售额在500万元以下，如果纳税人的销售额超过了上述标准，可以通过企业分立的方式来保持小规模纳税人的身份。

9.4.2 利用货物进出时间差的纳税筹划

根据《中华人民共和国增值税暂行条例实施细则》第三十八条规定，销售货物或者应税劳务的纳税义务发生时间如下。

① 采取直接收款方式销售货物，不论货物是否发出，均为收到销售款或者取得索取销售款凭据的当天。

② 采取托收承付和委托银行收款方式销售货物，为发出货物并办妥托收手续的当天。

③ 采取赊销和分期收款方式销售货物，为书面合同约定的收款日期的当天，无书面合同的或者书面合同没有约定收款日期的，为货物发出的当天。

④ 采取预收货款方式销售货物，为货物发出的当天，但生产销售生产工期超过12个月的大型机械设备、船舶、飞机等货物，为收到预收款或者书面合同约定的收款日期的当天。

⑤ 委托其他纳税人代销货物，为收到代销企业的代销清单或者收到全部或者部分货款的当天。未收到代销清单及货款的，为发出代销货物满180天的当天。

⑥ 销售应税劳务，为提供劳务同时收讫销售款或者取得索取销售款的凭据的当天。

⑦ 纳税人发生视同销售货物行为，为货物移送的当天。

物流企业从销货方采购货物，再销售给进货方时，可以充分利用税法的规定来进行纳税筹划。即尽量提前抵扣增值税进项税额，而根据进货方的付款情况，灵活掌握供货物的数量和开具销项发票的数额，而不能在进货方尚未付清货款的情况下，一次性将货物全部供完，并全额开具销项发票，以免出现未收货款而提前开票的情况，从而给企业带来资金负担。

9.4.3 劳动力成本的纳税筹划

物流企业的业务以运输、仓储及搬运为主，其主要成本是劳动力成本，使用的人力较多。这些人力大都是与企业签有劳动合同的员工，企业给员工发放工资无须提供发票，也就无法抵扣增值税。少量的搬运工、装卸工等即使签有劳务合同，也很难取得进项抵扣发票。物流企业使用的员工越多，劳动力成本越高，其承担的税负越大。所以，物流企业应尽可能降低人力成本，才能少交税款。

降低劳动力成本的一个有效方法是，将一些人工劳务转变为机器操作。这时，就可以将工资支出转变为租金支出或固定资产支出。人工转机器后，其支出均可以取得增值税专用发票，进项增值税便可以抵扣。当企业的某项工作既可以由人力劳动来完成，又可以由机器来完成，且支付的工资总额与支付的租金总额或固定资产购置价款相同时，尽可能通过将人工转变为机器操作，这样才能减轻物流企业的税收负担。

9.4.4 设备租赁变异地作业的纳税筹划

物流企业具有季节性。由于季节性工作量的差异，在淡季时，物流企业往往将闲置的机器设备对外出租，收取租赁费。根据税法的相关规定，提供有形动产租赁服务，增值税税率为13%。而提供装卸搬运服务，则属于部分现代服务业，税率为6%。

因此，试点物流企业可以考虑修改租赁合同，将设备租赁变为异地装修作业，这样就可以适用较低的增值税税率，从而减轻企业的增值税负担。

9.4.5 通过将杂费并入运输费进行增值税筹划

物流企业在运输过程中，通常在收取运输费的同时，还要收取一些运输费外的其他杂费。运输费可以抵扣增值税进项税额，但杂费不能抵扣增值税进项税额。若是能将部分杂费并入运输费，在发票开具时直接填写运输费，那么便可以增加增值税的进项抵扣额。

此外，准予抵扣的货物运费金额是指自开票纳税人和代开票企业为代开票纳税人开具的货运发票上注明的运费、建设基金和现行规定允许抵扣的其他货物运输费用；装卸费、保险费和其他杂费不予抵扣。货运发票应当分别注明运费和杂费，对未分别注明而合并注明为运杂费的不予抵扣。

9.5 民办非营利组织的纳税筹划

9.5.1 免税资格认定的纳税筹划

我国没有专门针对民办非营利组织的税收法律，而是通过各税种实体法分散体现出对民办非营利组织的税收政策。目前普遍存在这样一个误区，就是民办非营利组织是免税的。至于如何免税、如何认定免税资格、免哪些税、免税比例等，都是模糊概念。即使民办非营利企业的经营者，往往也是迷糊的。

其实，民办非营利组织并非免税企业，也没有特别的税收优惠政策。要享受免税，非营利组织需要经过资格认证。只有在资格认证后，才享受优惠政策。需要说明的是，免税资格认证后，也只是对认定范围内的企业所得税享受免税，而非所有经营项目都是免税的。所以，对民办非营利组织的纳税筹划是有必要的。

民办非营利组织税收优惠政策筹划至少包括如图9-1所示的3个方面。

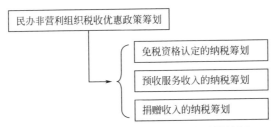

图9-1　民办非营利组织税收优惠政策筹划

我们先来详细了解第一个。民办非营利企业申请了免税资格认定后，可以免交相关税款。免税资格是指民办非营利组织获得该资格后，符合条件的收入可以免征企业所得税。这和税前扣除资格并非一回事。税前扣除资格是指民办非营利组织获得该资格后，向其捐赠的捐赠方（不论企业还是个人）可以将捐赠额在企业所得税或个人所得税的税前进行抵扣。免税资格认定是对民办非营利组织自身税收的优惠，税前扣除资格是对捐赠方税收的优惠。

免税资格的认定，是要按照一定程序去申请的，而不是成立了民办非营利组织，便可以免税。无论你是什么样的组织，在你未申请免税资格认定之前，是不享受免税优惠政策的。

那么，哪些组织可以申请免税资格认定呢？根据税法的规定，社会团体、基金会、民办非营利企业、事业单位、宗教活动场所等，才可以申请非营利组织免税资格。

认定了免税资格后，也不是所有的收入都可以免税。根据税法的规定，免税收入主要包括：捐赠收入；会费收入；除不征税收入以外的其他政府补助收入，但不包括因政府购买服务取得的收入；不征税收入和免税收入孳生的银行存款利息收入；财政部、国家税务总局规定的其他收入。

值得注意的是，政府补助收入与政府购买服务收入并非一回事，不能等同混淆。政府补助收入属于免税收入，而政府购买服务收入不属于免税收入。

对取得的应纳税收入及其有关的成本、费用、损失，应与免税收入及其有关的成本、费用、损失分别核算，这样才能享受免税优惠。

非营利组织免税优惠资格的有效期为5年，非营利组织应在免税优惠资格期满后6个月内提出复审申请，不提出复审申请或复审不合格的，其享受免税优惠的资格到期自动失效。

9.5.2 预收服务收入的纳税筹划

民办非营利组织在提供服务尤其是政府购买服务时，往往都是一次性或分次收到采购方的服务收入。若是在项目服务没有完成甚至没有开始时，就收到采购方的一次或分次收入，非营利企业采取一次性计入收入的方法，由于业务活动成本尚未取得或完全取得，势必增加了企业净资产，产生了较高的企业所得税。

《中华人民共和国企业所得税法实施条例》（2019修订）第九条规定："企业应纳税所得额的计算，以权责发生制为原则，属于当期的收入和费用，不论款项是否收付，均作为当期的收入和费用；不属于当期的收入和费用，即使款项已经在当期收付，均不作为当期的收入和费用。本条例和国务院财政、税务主管部门另有规定的除外。"

同时，根据《民间非营利组织会计制度》第五十九条的规定，对于因交换交易所形成的提供劳务收入，应当按以下规定予以确认：在同一会计年度内开始并完成的劳务，应当在完成劳务时确认收入；如果劳务的开始和完成分属不同的会计年度，可以按完工进度或完成的工作量确认收入。

所以，如果属于下一个财政年度的项目收入，可作为预收款项，当年暂不确认收入。这样，便不会产生较高的净资产，可以节省所得税费用。

9.5.3 捐赠收入的纳税筹划

作为正式的公益机构，非营利企业可以接受社会的捐赠，捐赠收入可以享受免税。享受免税的前提有两点：一是该非营利企业必须取得免税资格认定；二是该项捐赠能够被确认为捐赠收入。

但是，有些捐赠是不被确认为捐赠收入的，又可以分为以下4种情形。

① 民间非营利组织从委托方收到款物，并按照委托人的意愿将款物转赠给指定的其他组织或者个人，无权改变上述款物的用途或者变更受益人。这种情形应作为一项代收代付业务进行处理，会计核算时在确认一项受托代理资产的同时确认一项受托代理负债。

② 捐赠承诺（书面协议或口头约定）不应确认为捐赠收入，但可以在会计报

表附注中作相关披露。

③ 接受的劳务捐赠不应确认为收入，但应当在会计报表附注中作相关披露。

④ 如果款物提供者提出捐赠时要求非营利组织为其提供一项服务，尽管这项服务的结果可能是无形的、不确定的或难以计量的，该项接受的款物也不能作为捐赠处理。

民办非营利组织在接受捐赠时，要对捐赠进行确认，以确定是否为捐赠收入。对于模棱两可的捐赠，可与捐赠方进行商讨，使捐赠满足捐赠收入的条件，便可以享受捐赠收入的免税了。捐赠收入当年未使用完毕，只要符合免税条件的，可以免交所得税。

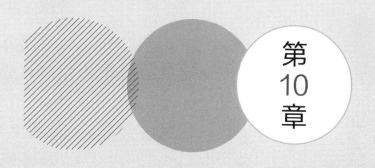

第10章

项目筹划
——不同项目的节税技巧

企业因发展需要产生不同的运营机制,比如股权转让、并购重组、融资租赁等。不同的运营机制呈现着不同的运营模式,从而产生不同的税负。如果能在事前做好纳税筹划,就可以降低运营项目的税负,实现项目的高效运营。当然,项目运营的前提并不是以纳税筹划为目的,追求的是经济效益。因此,在进行纳税筹划时,要综合考虑项目的运营成果,不能一味地追逐轻税负,而增加了其他成本费用。

10.1 并购重组的纳税筹划

10.1.1 争取特殊性税务处理可以递延纳税

并购重组,是企业在运营发展过程中的一个重大经营举措。在并购重组过程中,一般会涉及企业所得税、个人所得税、增值税、契税、印花税、土地增值税等。尤其重要的是,所得税的纳税筹划,对降低并购重组的税负成本起着重要作用。

《财政部 国家税务总局关于促进企业重组有关企业所得税处理问题的通知》(财税〔2014〕109号)规定,将适用特殊性税务处理的股权收购和资产收购比例由不低于75%调整为不低于50%。

适用特殊税务处理的条件如表10-1所列。

表10-1 适用特殊税务处理的条件

条件	具体内容
1	具有合理的商业目的,且不以减少、免除或者推迟缴纳税款为主要目的
2	被收购、合并或分立部分的资产或股权比例符合上述通知规定的比例(50%)
3	企业重组后的连续12个月内不改变重组资产原来的实质性经营活动
4	重组交易对价中涉及股权支付金额符合上述通知规定的比例(85%)
5	企业重组中取得股权支付的原主要股东,在重组后连续12个月内,不得转让所取得的股权

满足以上条件可申请特殊性税务处理,暂时不用缴纳税款。延期纳税视同贷款,企业可以先占用税款,盘活企业资金周转。

10.1.2 资产负债打包转让享受免税

《国家税务总局关于纳税人资产重组有关增值税问题的公告》(国家税务总局公告2011年第13号)规定:纳税人在资产重组过程中,通过合并、分立、出售、置换等方式,将全部或者部分实物资产以及与其相关联的债权、负债和劳动力一并转让给其他企业和个人,不属于增值税的征税范围,其中涉及的货物转让,不征收增值税。

这里有两个关键词,即"实物资产"和"一并"。也就是说,资产重组的纳税人,在合并、分立、出售、置换等过程中,必须将实物资产以及与其相关联的债权、负债和劳动力"一并"转让给其他企业和个人。

也就是说，必须是转让企业全部产权的资产重组，即转让企业全部产权涉及的应税货物的转让，才不属于增值税的征税范围，不征收增值税。否则，单纯的资产转让行为，无论单笔转让的资产金额多大，都应当征收增值税。

10.1.3 非货币性资产投资的纳税筹划

根据《财政部 国家税务总局关于非货币性资产投资企业所得税政策问题的通知》（财税〔2014〕116号）的规定，居民企业以非货币性资产对外投资确认的非货币性资产转让所得，可在不超过5年期限内，分期均匀计入相应年度的应纳税所得额，按规定计算缴纳企业所得税。

也就是说，非货币性资产对外投资确认的转让所得，可以分5年计入应纳税所得额，这比一年计入应纳税所得额少了80%。尽管在5年后会逐渐补齐应纳税所得额，但延期纳税带来了资金使用效益。

10.1.4 并购前目标企业选择的纳税筹划

《中华人民共和国企业所得税法实施条例》对行业优惠的范围等做了进一步明确。企业在选择并购的目标企业时，应充分重视行业优惠因素，在最大范围内选择并购这种类型企业，可以充分享受税收优惠。同时由于税收优惠政策在地区之间存在差异，并购企业可选择在享有优惠政策的地区，譬如西部地区的企业作为并购对象，从而降低企业的整体税收负担，使并购后的纳税主体能够享受到这些税收优惠政策带来的收益。

在符合商业目的的前提下，从纳税筹划的角度，企业可以依据如表10-2所示的4个标准来考核潜在被收购对象。

表10-2 考核潜在被收购对象的4个标准

标准	具体内容
1	是否有税收优惠政策，如被收购企业是否处于税收优惠地区或属于税收优惠行业
2	商业安排优化筹划，是否已做到税收效率最大化
3	是否存在具有价值的税务资产，如未抵扣完的税务亏损
4	是否存在可以通过合理的关联交易及转让定价安排，降低并购后企业整体税负的空间

需要注意的是，并购的主要考虑还是商业目的。如果从商业角度考虑，被收购企业确有价值，即使税收上没有太大的整合效益，企业仍可于收购后作出调整以优

化被收购企业的税收效益。

上述筹划方法并不是孤立的,通常需要综合运用。同时,每一种方式也都或多或少地存在一定的法律风险和税务风险,并购重组方需要合理合法控制,才能使企业在并购重组中实现最大收益。

10.2 融资项目的纳税筹划

10.2.1 融资决策中的纳税筹划

融资是所有企业都可能面临的问题,也是企业生存和发展的关键问题之一。俗话说,借鸡下蛋。企业可以借助外在资产,实现自己的盈利能力。

企业融资主要是满足投资和用资的需求,借用外来资金去获取效益,这是企业运营中的常用手段。

根据资金来源渠道的不同,可将企业的筹资活动分为权益资金筹资和负债资金筹资,从而形成企业不同的资金结构,致使企业产生的资金成本和财务风险各不相同。在筹资中运用纳税筹划,就是合理安排权益资金和负债资金的比例,形成最优资金结构。企业在融资过程中应当考虑如图10-1所示的问题。

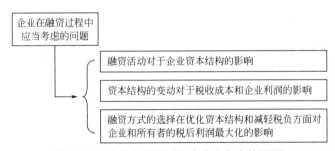

图10-1 企业在融资过程中应当考虑的问题

企业通过吸收直接投资、发行股票、留存收益等权益方式筹集自有资金,虽然风险小,但为此支付的股息、红利必须在税后利润中进行支付,不能起到抵减所得税的作用,所以企业资金成本高。

若采取负债筹资,通过向银行等金融机构借款或发行债券筹集资金,支付的利息可以在税前计入费用,从而抵减企业的税前利润,使企业获得节税利益。但由于负债比例升高会相应影响将来的融资成本和财务风险,因此并不是说负债比例越高越好。在选择权益筹资和负债筹资时,要根据实际效益来判断。

10.2.2 债务性融资的纳税筹划分析

债务性融资的具体方式包括发行债券、长期借款、商业信用、租赁等。债务性融资被认为有两方面效用:一方面是利息抵税效用,即企业的债务利息支出可以抵减当期应税所得,减少应纳税所得额;另一方面则是通过财务杠杆作用,增加企业的权益资本收益率。

债券溢价、折价摊销实质上是对企业财务费用中利息费用的调整,因而是构成所得税额的影响因素。债券溢价、折价摊销的方法可分为实际利率法和直线法两种。不同的摊销方法,当然不会影响利息费用总额,但会带来税收的时间性差异。

在溢价摊销的情况下,如果使用实际利率法,企业前期纳税较少,后期纳税较多,可获得相对节税收益;在折价摊销的情况下,如果使用直线法,企业同样前期纳税较少,后期纳税较多,也可以获得相对节税收益。鉴于资金的货币时间价值的客观存在,纳税人应使用实际利率法摊销溢价债券,使用直线法摊销折价债券。

10.2.3 借款费用利息的纳税筹划

根据现行企业所得税政策,企业实际发生的与取得收入有关的、合理的支出,包括成本、费用、税金、损失和其他支出,准予在计算应纳税所得额时扣除。企业在生产经营活动中发生的合理的不需要资本化的借款费用,准予扣除。

企业为购置、建造固定资产、无形资产和经过12个月以上的建造才能达到预定可销售状态的存货发生借款的,在有关资产购置、建造期间发生的合理的借款费用,应当作为资本性支出计入有关资产的成本,并依照《中华人民共和国企业所得税法实施条例》的规定扣除。

企业在生产经营活动中发生的下列利息支出,准予扣除。

① 非金融企业向金融企业借款的利息支出、金融企业的各项存款利息支出和同业拆借利息支出、企业经批准发行债券的利息支出。

② 非金融企业向非金融企业借款的利息支出,不超过按照金融企业同期同类贷款利率计算的数额的部分。

因此,一般性经营性借款或者说流动性借款利息可以直接扣除,但有一定的上限，超过的部分不能扣除。专门性借款即固定资产借款利息不能直接扣除，只能随固定资产一起折旧，但没有扣除限额。纳税人可以充分利用这种规定进行纳税筹划，即将不能扣除的一般性经营性借款利息转化为固定资产利息。

10.2.4 长期借款融资的纳税筹划

长期借款的融资方式之所以被诸多企业优先考虑，原因在于企业使用金融机构提供的贷款所需要支付的借款利息允许在计算所得税前扣除，具有显著的减税作用。因此，企业更倾向于利用借款利息的减税作用进行切实可行的纳税筹划。这就等于放贷金融机构降低了实际的贷款利率。

值得注意的是，企业利息支出达到节税目的还有以下4种途径。

① 当企业处在免税期间、亏损年度，以及有前5年发生亏损可以延续弥补的，借款费用要尽可能资本化，即将固定资产的认定时点尽量延后，使利息资本化时期得以延长，进而增加资产的价值，日后可以由此多计提折旧，减轻企业的税负。

② 当企业处在盈余年度，借款费用则尽可能费用化，达到企业费用最大化的目的，从而减轻企业的税负。

③ 确保利息支出的合法性：取得有效凭证；账务处理应符合税法规定；若存在企业一方面借入款项支付利息，一方面贷出款项却不收取任何利息或收取利息低于所支出利息的情况，将被税务稽查机关认定为非营业所需的不合理支出，而被调整剔除，因此企业需特别注意。

④ 关联企业之间的借贷，如果融资金额超过企业注册资本50%的利息支出，既不能扣除，也不能资本化。因此，在这种情况下，必须考虑关联企业间借款利息扣除的限制，转而向金融机构或向其他非金融机构借款。

10.2.5 融资租赁中的纳税筹划

融资租赁，又称财务租赁，是由承租人向出租人提出正式申请，由出租人融通资金引进承租人所需设备，然后再租给承租人使用的一种长期租赁方式。

采用融资租赁这种方式，承租企业通过支付租金可迅速获得所需设备，不用承担设备被淘汰的风险。对所租赁的固定资产，企业可将其当作自有固定资产计提折旧，折旧计入成本费用，且支付的租金费用也允许在税前扣除，使企业计税基数减小，从而少交企业所得税。

同时，融资租赁的固定资产在使用过程中发生的改良支出也可作为递延资产在不短于5年的时间内摊销。可见，融资租赁作为企业重要的筹资方式，其税收抵免作用是显而易见的。

10.2.6 权益融资的税务分析

企业选择发行股票的方式筹集资金，虽然高昂的发行费用允许在计算所得税前扣除，但发行股票所支付给股东的股息和红利不存在税收的屏蔽作用，必须在企业的税后利润中分配，也就是说，不可能像借款利息或债券利息那样享有所得税前列支的节税效用。

留存收益是税后收益，即企业利润上缴完所得税后的留存。留存收益融资不存在像债务资本融资那样，需要按时还本付息，以及可以享受利息抵减应纳税所得额的政策。所以，留存收益筹资没有任何税收优惠，不存在任何节税效果。

10.3 技术研发的纳税筹划

10.3.1 研发费用管理的纳税筹划

技术企业都需要进行研发。研发就会产生费用，这是很正常的事情。对研发费用进行纳税筹划的目的，就是通过对费用合理避税，来实现企业利益的最大化。避税可以减轻企业的纳税压力，让企业发展得更好。

研发性企业必须加强对研发费用的管理，为纳税筹划创造条件。研发费用管理的内容大致包括如图10-2所示的项目。

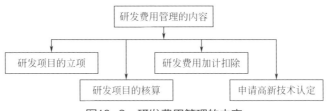

图10-2 研发费用管理的内容

（1）研发项目的立项

既然产生研发费用，那么说明就有研发项目，研发部门首先要有研发项目的立项报告、立项决议文件、研发人员信息以及研发项目的预算等资料。

(2)研发项目的核算

在核算方面,要按研发项目单独进行核算。这样研发项目发生的研发费用能够清晰明了。研发费用在报销时,应严格按照研发项目预算和政策规定支出。

(3)研发费用加计扣除

研发费用不管是费用化还是资本化,可以根据税收优惠政策申请研发费用加计扣除。符合条件的研发项目申请研发费用加计扣除,能给企业带来税收优惠,有利于减轻企业税负。

(4)申请高新技术认定

有了研发项目和研发费用,如果企业所在的行业符合申请高新技术企业,还可以申请高新技术企业认定,这样企业所得税税率就会由25%减到15%,给予税率上的优惠。

如果研发项目和研发费用符合政策规定,便可以进行研发费用加计扣除。若是管理不规范,就可能造成研发费用不能享受加计扣除,从而导致不能享受税收优惠。有部分企业由于缺乏对研发项目的合规管理,只追求形式上的要求,未重视对研发活动的实质性把控,导致一些研发项目在税务检查时被否定。另外,如果企业无法准确把握某活动是否属于研发活动,可以向科技部门咨询。

10.3.2 研发费用归集口径的纳税筹划

研发费用的归集口径有多种,通常有会计核算口径、高新技术企业认定口径和加计扣除税收规定口径,不同的口径存在诸多差异。

会计核算口径由企业根据自身生产经营自行判断,除应属于研发活动支出外,没有过多的限制。

高新技术企业认定口径主要是为了判断企业研发投入强度、科技实力是否达到高新技术企业标准。

加计扣除税收规定口径对允许扣除的研发费用的范围采取的是正列举方式,对没有列举的项目,不可以享受加计扣除优惠。

因此,会计核算口径、高新技术企业认定口径一般大于加计扣除税收规定口径,能享受研发费用加计扣除的范围应小于在其他口径下归集的研发费用支出。如果企业对研发费用不能准确归集,也可能错失良机,得不到税务部门的认可,不能加计扣除。

如果企业对研发费用归集口径不能准确把握,不妨先向税务部门咨询,得到准确答复后再归集研发费用。

10.3.3 选择税收优惠政策的筹划

作为不征税收入处理的财政性资金用于研发活动所形成的费用或无形资产，不得计算加计扣除或摊销。但是在2018年1月1日至2020年12月31日期间，企业开展研发活动中实际发生的研发费用，未形成无形资产计入当期损益的，在按规定据实扣除的基础上，再按照实际发生额的75%在税前加计扣除；形成无形资产的，在上述期间按照无形资产成本的175%在税前摊销。

由此可见，现阶段研发费用税前加计扣除比例进一步提高。所以，当企业取得不征税收入用于研发项目时，在税收优惠政策的选择上可以做出一定的安排，择优选择对企业更为有利的税收优惠政策。

如果选择不征税收入税收优惠，则用于研发活动所形成的费用或无形资产，不得计算加计扣除或摊销；如果放弃不征税收入税收优惠，则可享受研发费用加计扣除税收优惠政策。

10.3.4 将研发业务独立的纳税筹划

对于一些研发水准高、投入大的企业，完全可以将研发业务从企业剥离出来，成立一家软件企业。独立后的软件企业成为企业的全资子公司，因为软件企业可以享受流转税类的优惠和所得税的优惠。

根据《财政部 国家税务总局关于软件产品增值税政策的通知》（财税〔2011〕100号）的规定："（一）增值税一般纳税人销售其自行开发生产的软件产品，按17%税率征收增值税后，对其增值税实际税负超过3%的部分实行即征即退政策。（二）增值税一般纳税人将进口软件产品进行本地化改造后对外销售，其销售的软件产品可享受本条第一款规定的增值税即征即退政策。"

所以，企业可以将研发业务在管理部门和软件企业间进行权衡，进而选择能使企业利益最大化的设立方式。

10.3.5 研发业务剥离申报高新企业的纳税筹划

根据《中华人民共和国企业所得税法》（2018修正）的规定，国家需要重点扶持的高新技术企业，减按15%的税率征收企业所得税。

根据《中华人民共和国企业所得税法实施条例》（2019修订）第九十条的规定："企业所得税法第二十七条第（四）项所称符合条件的技术转让所得免征、减征企业所得税，是指一个纳税年度内，居民企业技术转让所得不超过500万元的部分,免征企业所得税;超过500万元的部分,减半征收企业所得税。"

由此可见,如果企业的研发部门分离出来后,若能被认定为国家需要重点扶持的高新技术企业,那么便可以享受高新技术企业的税收优惠。

10.4 会务费用的纳税筹划

10.4.1 会议费收取形式的纳税筹划

企业在经营期间,各种大大小小的会议肯定必不可少。企业开办会议时,会产生各种费用。准确把握会务费,从纳税角度筹划会务费用,可以为企业带来一定的经济效益。在一家企业召开订货会或发布会时,可能要收取客户会议费用。收取会议费的形式不同,可能导致税收不同。如果处理不当,可能给企业带来高税负。不妨以一个案例来说明,更易于理解。

美励美集团每年定期召开订货会,每年会议费开支500万元,其中向客户收取会议费400万元,企业支付100万元。美励美集团会计目前做如下会计处理:

在支付酒店会议费时,计入"管理费用"科目,借:管理费用——会议费500万元;

收到客户缴纳的会议费时,冲减"管理费用"科目,贷:管理费用——会议费100万元;

美励美集团实际承担会议费为100(500-400)万元。

后来税务机关检查,要求企业把向客户收取的会议费400万元作为价外费用处理,补提增值税46.02［400÷(1+13%)×13%］万元,补提城市维护建设税及教育费附加5.52［46.02×(7%+3%+2%)］万元。依据是《中华人民共和国增值税暂行条例》的规定,即销售额为纳税人销售货物或者应税劳务向购买方收取的全部价款和价外费用。

税法依据：

根据《中华人民共和国增值税暂行条例实施细则》的规定,价外费用包括价外向购买方收取的手续费、补贴、基金、集资费、返还利润、奖励费、违约金、滞纳金、延期付款利息、赔偿金、代收款项、代垫款项、包装费、包装物租金、储备费、优质费、运输装卸费及其他各种性质的价外收费。凡价外费用，无论其会计制度如何核算，均应并入销售额计算应纳税额。

如果召开订货会时，企业不再亲自操办，而是委托中介机构代理。中介机构向参加会议的客户收取会议费，企业不向客户收取费用。超支的会务费由企业直接支付给中介机构。那么，美励美集团的管理费用中就不再出现收取400万元会议费的经济业务，只有支付给中介机构会议费100万元的事项，美励美集团便可少缴纳增值税46.02万元，少缴纳城市维护建设税及教育费附加5.52万元。

10.4.2 会议费内容的纳税筹划

会议费用是有严格的界定的。企业发生的会议费，以发票和付款单据为税前扣除凭证。企业应保存会议时间、会议地点、会议对象、会议目的、会议内容、费用标准等内容的相应证明材料，作为备查资料。业务招待费、员工福利费、培训费等，要与会议费严格界定，不能混为一谈。会议费证明材料应包括会议时间、地点、出席人员、内容、目的、费用标准、支付凭证等。

所以，企业在列支会议费时，必须将相关证明材料保存好，随时供税务机关检查。若不能保存好证明材料，会议费便会受到质疑，便可能不被允许税前扣除，从而导致所得税税负增加。而且，在酒店开具发票时，要尽可能提供消费详细清单。否则，也会致使会议费遭到质疑。

在实际工作中，有些会计人员将在酒店招待客人的招待费或住宿费计入会议费，有些会计人员将员工聚餐计入会议费，有些会计人员将企业员工在酒店的培训费计入会议费。这都是混淆费用列支，将模棱两可的费用任意计入会议费。会计人员并不能提供会议费所需要的相关证明，因而企业在面临税务机关检查时，会因会议费受到质疑而使税负增加。

10.4.3 餐饮费的纳税筹划

餐饮费可以开具增值税专用发票，但不可以用来抵扣。餐饮专票认证后，再进行进项税额转出处理。那么，如何筹划餐饮费呢？

一般情况下会议期间除住宿费、酒水费、广告及印刷、礼仪、秘书服务、运输与仓储、娱乐保健、媒介、公共关系等，餐饮费更是一项主要支出。符合会议费用规定的、会议期间发生的餐饮费，计入会务费，不计入业务招待费。

那么，如果将餐饮费列入会务费中，其增值税专用发票是否可以用来抵扣呢？

首先，企业在签订协议时，要把餐饮费包含在会务费中。

其次，会议期间的餐饮是否能抵扣，并无统一说法，各地税务机关做法不一。所以，建议企业在举办会议之前，先与地方税务机关沟通。若允许抵扣，则可以将餐饮费并入会务费开具专票；若不允许抵扣，则可以将餐饮费和会务费分别开具，餐饮费可以开具增值税普通发票。若开在一张专票上，则需要将餐饮费先认证后转出。

10.4.4 选择第三方进行纳税筹划

会议场所对会议费的列支也很重要，并非所有的场所都可以开具会议费用。有的酒店提供食宿，有的酒店只提供餐饮。若是只提供餐饮的酒店开具会议费，而会议费用中又含有住宿费，必定经不起税务机关检查。所以，在选择会议场所时，要选择与会议费内容相吻合的酒店。

此外，企业可以不与酒店直接签合同，而选择与专业的第三方会务公司签订合同，这样可以避开餐饮费能否抵扣的问题。酒店的餐饮发票直接开给了会务公司，会务公司计入本公司的成本项目。会务公司不经营餐饮，也不提供餐饮服务，其开出的只能是会务费发票，不涉及餐饮费。而所有会务费的增值税专用发票，都是可以作进项抵扣的。

10.5 纳税筹划案例

10.5.1 员工困难补贴案例

员工患病，公司打算补贴员工5万元，如何给员工钱更省税？
方案一：股东个人先从公司借款5万元，再以个人名义给员工。
风险：年底未还，面临视同分红有20%个人所得税的风险。
方案二：以工资奖励补贴形式给员工。
风险：需要并入当期工资、薪金申报个人所得税，纳入社保基数缴纳社保。
方案三：以困难补助形式给员工。
提示：免征个人所得税，也不需要纳入社保基数缴纳社保。

税法依据：
①《中华人民共和国个人所得税法》第四条规定："下列各项个人所得，免征

个人所得税:(一)省级人民政府、国务院部委和中国人民解放军军以上单位,以及外国组织、国际组织颁发的科学、教育、技术、文化、卫生、体育、环境保护等方面的奖金;(二)国债和国家发行的金融债券利息;(三)按照国家统一规定发给的补贴、津贴;(四)福利费、抚恤金、救济金;……"

②《中华人民共和国个人所得税法实施条例》第十一条规定:"个人所得税法第四条第一款第四项所称福利费,是指根据国家有关规定,从企业、事业单位、国家机关、社会组织提留的福利费或者工会经费中支付给个人的生活补助费;所称救济金,是指各级人民政府民政部门支付给个人的生活困难补助费。"

③《国家税务总局关于生活补助费范围确定问题的通知》(国税发〔1998〕155号)规定,"一、上述所称生活补助费,是指由于某些特定事件或原因而给纳税人或其家庭的正常生活造成一定困难,其任职单位按国家规定从提留的福利费或者工会经费中向其支付的临时性生活困难补助。二、下列收入不属于免税的福利费范围,应当并入纳税人的工资、薪金收入计征个人所得税:(一)从超出国家规定的比例或基数计提的福利费、工会经费中支付给个人的各种补贴、补助;(二)从福利费和工会经费中支付给单位职工的人人有份的补贴、补助;(三)单位为个人购买汽车、住房、电子计算机等不属于临时性生活困难补助性质的支出"。

10.5.2 研发企业优惠案例

炬神公司属于高新技术企业,同时又符合软件企业减半征收企业所得税优惠条件,假设2019年度实现应纳税所得额2000万元。

方案一:选择享受高新技术企业的15%税率。

企业所得税税额=2000×15%=300(万元)

方案二:选择享受软件企业减半征收企业所得税。

企业所得税税额=2000×25%×50%=250(万元)

提示:方案二比方案一节约税收50(300-250)万元。

税法依据:

①《中华人民共和国企业所得税法》第二十八条第二款规定:"国家需要重点扶持的高新技术企业,减按15%的税率征收企业所得税。"

②《财政部 税务总局关于集成电路设计企业和软件企业2019年度企业所得税汇算清缴适用政策的公告》(财政部 税务总局公告2020年第29号)规定,"依法成

立且符合条件的集成电路设计企业和软件企业,在2019年12月31日前自获利年度起计算优惠期,第一年至第二年免征企业所得税,第三年至第五年按照25%的法定税率减半征收企业所得税,并享受至期满为止"。

③《国家税务总局关于进一步明确企业所得税过渡期优惠政策执行口径问题的通知》(国税函〔2010〕157号)指出,"居民企业被认定为高新技术企业,同时又符合软件生产企业和集成电路生产企业定期减半征收企业所得税优惠条件的,该居民企业的所得税适用税率可以选择适用高新技术企业的15%税率,也可以选择依照25%的法定税率减半征税,但不能享受15%税率的减半征税"。

10.5.3 使用过的固定资产转让案例

正祥公司是小规模企业,4月份出售了固定资产40.4万元(原值100万元,累计折旧40万元),请问增值税是按照3%征收,还是减按2%征收,还是减按1%征收呢?

方案一:增值税按照3%征收,应缴纳增值税税额为1.18[40.4÷(1+3%)×3%]万元。

(1)转入清理:

借:固定资产清理　　　　　　　　　　　　60
　　累计折旧　　　　　　　　　　　　　　40
　　贷:固定资产　　　　　　　　　　　　　　　100

(2)收到出售款:

借:银行存款　　　　　　　　　　　　　　40.40
　　贷:固定资产清理　　　　　　　　　　　　　39.22
　　　　应交税费——应交增值税　　　　　　　　1.18

(3)结转固定资产清理:

借:营业外支出　　　　　　　　　　　　　20.78
　　贷:固定资产清理　　　　　　　　　　　　　20.78

最终缴纳增值税1.18万元(不考虑附加税等其他税费)。

方案二:增值税按照3%减按2%征收,应缴纳增值税税额为0.79[40.4÷(1+2%)×2%]万元。

(1)转入清理:

借:固定资产清理　　　　　　　　　　　　60.00
　　累计折旧　　　　　　　　　　　　　　40.00

　　　　贷：固定资产　　　　　　　　　　　　　　100.00
（2）收到出售款：
　　借：银行存款　　　　　　　　　　　　　　　40.40
　　　　贷：固定资产清理　　　　　　　　　　　　39.22
　　　　　　应交税费——应交增值税　　　　　　　 1.18
（3）减按2%征收增值税（减免1%增值税为0.39万元）：
　　借：应交税费——应交增值税　　　　　　　　 0.39
　　　　贷：营业外收入　　　　　　　　　　　　　 0.39
（4）结转固定资产清理：
　　借：营业外支出　　　　　　　　　　　　　　20.78
　　　　贷：固定资产清理　　　　　　　　　　　　20.78
最终缴纳增值税为0.79（1.18-0.39）万元（不考虑附加税等其他税费）。

方案三：增值税按照3%减按1%征收，应缴纳增值税税额为0.4［40.4÷（1+1%）×1%］万元。

（1）转入清理：
　　借：固定资产清理　　　　　　　　　　　　　60.00
　　　　累计折旧　　　　　　　　　　　　　　　40.00
　　　　贷：固定资产　　　　　　　　　　　　　　100.00
（2）收到出售款：
　　借：银行存款　　　　　　　　　　　　　　　40.40
　　　　贷：固定资产清理　　　　　　　　　　　　39.22
　　　　　　应交税费——应交增值税　　　　　　　 1.18
（3）减按1%征收增值税（减免2%增值税为0.78万元）：
　　借：应交税费——应交增值税　　　　　　　　 0.78
　　　　贷：营业外收入　　　　　　　　　　　　　 0.78
（4）结转固定资产清理：
　　借：营业外支出　　　　　　　　　　　　　　20.78
　　　　贷：固定资产清理　　　　　　　　　　　　20.78
最终缴纳增值税0.4（1.18-0.78）万元（假设不考虑附加税等其他税费）。

税法依据：

① 北京市税务局2020年3月征期货物和劳务税热点问题的第四个问题：

增值税小规模纳税人销售自己使用过的固定资产和旧货按规定减按2%征收的，现在是否可以享受小规模纳税人复工复业增值税优惠政策？

答：可以。

②《财政部 税务总局关于支持个体工商户复工复业增值税政策的公告》（财政

部 税务总局公告2020年第13号)规定,自2020年3月1日至5月31日,对湖北省增值税小规模纳税人,适用3%征收率的应税销售收入,免征增值税;除湖北省外,其他省、自治区、直辖市的增值税小规模纳税人,适用3%征收率的应税销售收入,减按1%征收率征收增值税。

③ 根据《财政部 国家税务总局关于简并增值税征收率政策的通知》(财税[2014]57号)的规定,增值税小规模纳税人(除其他个人外)销售自己使用过的固定资产以及销售旧货,按照简易办法依照3%征收率减按2%征收增值税。

小规模纳税人销售自己使用过的固定资产和旧货适用3%减按2%的征收率,但在疫情期间,税务总局给了优惠政策支持,即:湖北省增值税小规模纳税人销售自己使用过的固定资产和旧货取得的应税销售收入,可以免征增值税;其他省、自治区、直辖市的增值税小规模纳税人销售自己使用过的固定资产和旧货取得的应税销售收入,可以减按1%征收率缴纳增值税。

10.5.4 房产处置案例

浦南公司旗下100%控股的乌广公司有几套商品房,原来购置成本1个亿,目前市场售价5个亿。现在乌广公司想处理掉房产,如何处理省税?

方案一:资产出售

(1)增值税=(50000−10000)×9%=3600(万元)

(2)附加税费=3600×12%=432(万元)

(3)应纳土地增值税税额=增值额×适用税率−扣除项目金额×速算扣除率=(转让房地产的收入总额−扣除项目金额)×适用税率−扣除项目金额×速算扣除率=(50000−10000−432)×60%−(10000+432)×35%=20089.6(万元)

(4)企业所得税=(50000−10000−432−20089.6)×25%=4869.6(万元)

(5)印花税=50000×0.5‰=25(万元)

税收合计=3600+432+20089.6+4869.6+25=29016.2(万元)

方案二:股权转让

(1)增值税=0万元

(2)附加税费=0万元

(3)应纳土地增值税税额=0万元

(4)企业所得税=(50000−10000)×25%=10000(万元)

(5)印花税=50000×0.5‰=25(万元)

税收合计＝10000+25＝10025（万元）

税负降低了18991.2（29016.2−10025）万元。

提示：当公司有大额资产需要转让的时候，采取股权转让（股权收购）的方式，税负大大低于资产出售（资产收购）的方式！

税法依据：

①《中华人民共和国土地增值税暂行条例》第二条规定："转让国有土地使用权、地上的建筑物及其附着物（以下简称转让房地产）并取得收入的单位和个人，为土地增值税的纳税义务人（以下简称纳税人），应依照本条例缴纳土地增值税。"

土地增值税的纳税义务人是有偿转让国有土地使用权、地上的建筑物及其附着物的单位和个人，包括各类企业单位、事业单位、国家机关、社会团体、个体经营者以及其他组织和个人。

②《财政部 税务总局关于继续支持企业事业单位改制重组有关契税政策的通知》（财税〔2018〕17号）规定，"在股权（股份）转让中，单位、个人承受公司股权（股份），公司土地、房屋权属不发生转移，不征收契税"。

③ 根据《中华人民共和国印花税暂行条例》附件《印花税税目税率表》，产权转移书据，按书据所载金额0.5‰贴花。

10.5.5　财政性资金纳税案例

2019年度尹巷企业取得100万元财政性资金，欲从事研发，当年全部费用化，该年度尹巷企业利润总额为500万元（假设无其他纳税调整项目）。

方案一：若该企业将财政性资金作为不征税收入，收入不征税，费用不得扣除，也不能加计扣除。

该企业的应纳税所得额＝500−100+100＝500（万元）

该企业的应纳所得税额＝500×25%＝125（万元）

方案二：若该企业将财政性资金不作为不征税收入，收入要征税，费用税前扣除，可以加计扣除75%。

该企业的应纳税所得额＝500−100×75%＝425（万元）

该企业的应纳所得税额＝425×25%＝106.25（万元）

两方案相比节税18.75（125−106.25）万元。

由此可以看出，企业取得用于研发的财政性资金，不作为不征税收入，可以使企业获得更大利益。因此，若企业取得的财政性资金用于研发，建议不作为不征税收入，作为应税收入缴纳企业所得税，同时形成的费用加计扣除。

税法依据：

《财政部 税务总局 科技部关于提高科技型中小企业研究开发费用税前加计扣除比例的通知》（财税〔2017〕34号）规定，"科技型中小企业开展研发活动中实际发生的研发费用，未形成无形资产计入当期损益的，在按规定据实扣除的基础上，在2017年1月1日至2019年12月31日期间，再按照实际发生额的75%在税前加计扣除；形成无形资产的，在上述期间按照无形资产成本的175%在税前摊销"。

10.5.6　固定资产折旧节税案例

案例 7

义忠公司属于生产制造塑料制品的工厂，目前企业在2019年1月份购进一套流水线生产设备不含税买价1200万元。2019年度预计实现利润总额400万元。

方案一：按照10年折旧（不考虑净残值）

每年折旧费＝1200÷10＝120（万元）

2019年度由于1月份购入从2月份开始计提折旧

2019年全年11个月折旧费＝120÷12×11＝110（万元）

方案二：按照6年折旧（不考虑净残值）

每年折旧费＝1200÷6＝200（万元）

2019年度由于1月份购入从2月份开始计提折旧

2019年全年11个月折旧费＝200÷12×11≈183（万元）

缩短折旧年限每年多折旧73（183−110）万元；节税18.25（73×25%）万元。

税法依据：

《财政部 税务总局关于扩大固定资产加速折旧优惠政策适用范围的公告》（财政部 税务总局公告 2019年第66号）规定，"自2019年1月1日起，适用《财政部 国家税务总局关于完善固定资产加速折旧企业所得税政策的通知》（财税〔2014〕75号）和《财政部 国家税务总局关于进一步完善固定资产加速折旧企业所得税政策的通知》（财税〔2015〕106号）规定固定资产加速折旧优惠的行业范围，扩大至全部制造业领域"。

根据规定,公司2019年新购入的固定资产可以加速折旧,且可自行选择缩短折旧年限或采取加速折旧的方法。若选择采取缩短折旧年限,最低折旧年限不得低于《中华人民共和国企业所得税法实施条例》第六十条规定的折旧年限的60%;若选择采取加速折旧方法,可采取双倍余额递减法或者年数总和法。

10.5.7 交通补贴节税案例

文在公司按月支付员工2000元的交通补贴,20人×2000元=4万元,已并入工资申报了个人所得税。

方案一:计入员工福利。账务处理如下。

借:应付职工薪酬——福利费　　　　　　4
　　贷:银行存款　　　　　　　　　　　　4

注意:有14%税前扣除的限制!

方案二:计入员工工资。按照工资薪金制度,文在公司按月支付员工2000元的交通补贴,20人×2000元=4万元,已并入工资申报了个税。账务处理如下。

借:应付职工薪酬——工资薪金　　　　　4
　　贷:银行存款　　　　　　　　　　　　4

注意:不存在14%税前扣除的限制。

提醒:建议员工交通补贴随同每月工资在固定时间一起发放,并且公司要制订发放制度留存备案,这种情况下可以计入"应付职工薪酬——工资薪金"中核算,并允许税前扣除。若是单独发放员工的交通补贴,应计入"应付职工薪酬——福利费"中,按照工资薪金总额的14%作为限额来进行税前扣除。

税法依据:

《国家税务总局关于企业工资薪金和职工福利费等支出税前扣除问题的公告》(国家税务总局公告2015年第34号)规定,"列入企业员工工资薪金制度、固定与工资薪金一起发放的福利性补贴,符合《国家税务总局关于企业工资薪金及职工福利费扣除问题的通知》(国税函〔2009〕3号)第一条规定的,可作为企业发生的工资薪金支出,按规定在税前扣除"。

10.5.8　公司承担个人所得税节税案例

雇主为员工负担个人所得税款。

方案一：企业承担员工李锐的个人所得税，通过"应付职工薪酬"科目核算的，属于工资薪金的一部分，可以从税前扣除。账务处理如下。

借：应付职工薪酬——工资　　　　　　　　100
　　贷：应交税费——个人所得税　　　　　　100

注意：个人所得税属于工资薪金的一部分，可以从税前扣除。

方案二：未通过"应付职工薪酬"科目核算，单独计入费用的不得从税前扣除。账务处理如下。

借：管理费用——个人所得税　　　　　　　100
　　贷：银行存款　　　　　　　　　　　　100

注意：单独计入管理费的，不得从税前扣除。

税法依据：

《国家税务总局关于雇主为雇员承担全年一次性奖金部分税款有关个人所得税计算方法问题的公告》（国家税务总局公告2011年第28号）规定，"雇主为雇员负担的个人所得税款，应属于个人工资薪金的一部分。凡单独作为企业管理费列支的，在计算企业所得税时不得税前扣除"。

10.5.9　房租收入节税案例

上海占明物业公司一次性收到2年房租收入。

方案一：上海占明物业公司2019年1月1日一次性收到2年房租收入400万元。账务处理如下。

借：银行存款　　　　　　　　　　　　　　436
　　贷：预收账款　　　　　　　　　　　　400
　　　　应交税费——应交增值税——销项税额　36

每月分摊收入16.67万元：

借：预收账款　　　　　　　　　　　　　　　　　16.67
　　贷：主营业务收入　　　　　　　　　　　　　　16.67
方案二：上海占明物业公司2019年1月1日一次性收到2年不含税房租收入400万元（2019—2020年度）。账务处理如下。
借：银行存款　　　　　　　　　　　　　　　　　436
　　贷：主营业务收入　　　　　　　　　　　　　　400
　　　　应交税费——应交增值税——销项税额　　36

注意：占明物业公司2019年1月1日一次性收到2年房租收入400万元，既可以一次性确认收入，也可以分两年确认收入，应该根据公司实际情况来自行判断：若是之前累计亏损，建议一次性确认收入，这样可以弥补以前年度亏损后缴纳企业所得税；若是之前没有累计亏损，建议分期确认收入，便于延迟缴纳企业所得税的时间。

税法依据：

《国家税务总局关于贯彻落实企业所得税法若干税收问题的通知》（国税函[2010]79号）"关于租金收入确认问题"规定："根据《实施条例》第十九条的规定，企业提供固定资产、包装物或者其他有形资产的使用权取得的租金收入，应按交易合同或协议规定的承租人应付租金的日期确认收入的实现。其中，如果交易合同或协议中规定租赁期限跨年度，且租金提前一次性支付的，根据《实施条例》第九条规定的收入与费用配比原则，出租人可对上述已确认的收入，在租赁期内，分期均匀计入相关年度收入。"

因此，纳税人可以采用不同的方法确认所得税收入，有了选择确认纳税义务时间的权利。

10.5.10　合同节税案例

案例 11

云霞公司聘请大河院校晓娟女士进行财税培训，签订了培训合同，培训费用共计50000元，合同约定：晓娟女士的机票5000元由云霞公司承担报销。

问：这5000元的机票能否抵扣增值税？

答：这5000元的机票我公司不得抵扣增值税。

因为企业为非员工支付的旅客运输费用，不能纳入抵扣范围。

筹划方案：改变合同签订。

云霞公司聘请大河院校晓娟女士进行财税培训，签订了培训合同，培训费用共计55000元，合同约定：晓娟女士的机票等所有车旅费用由大河院校承担。于是取得大河院校培训费55000元的增值税专用发票就可以抵扣增值税。

福堂物业公司将一幢老的商业门头房对外出租，签订房屋租赁合同，一年租金1200万元（含物业费200万元），每年一次性收取。应交税费为：增值税60（1200×5%）万元；房产税144（1200×12%）万元；不考虑附加税费、印花税等。合计税费为204（160+144）万元。

筹划方案：改变合同签订。

福堂物业公司将一幢老的商业门头房对外出租，年收入1200万元，合同签订时根据实际情况将房租和物业分别签订。签订房屋租赁合同，一年租金1000万元；签订物业管理合同，一年物业费200万元。应交税费为：房租增值税50（1000×5%）万元；物业费增值税12（200×6%）万元；房产税120（1000×12%）万元；不考虑附加税费、印花税等。合计税费为182（50+12+120）万元。

上述合同在分别如实签订的情况下，节税22万元。企业出租房屋时，会附带房屋内部或外部的一些附属设施及配套服务费，比如机器设备、办公用具、附属用品、物业管理服务等。税法对这些设施并不征收房产税。如果把这些设施与房屋不加区别地同时写在一张租赁合同里，那这些设施也要缴纳房产税，在无形中增加了企业的税负负担。

玉龙公司有好多单身员工，都需要租房居住。

方案一：若是员工自己在外租房，拿着员工跟房东签的租房合同、合规租房单据可以按照规定标准在财务报销宿舍费用。账务处理如下。

借：应付职工薪酬——福利费　　　　　　　　12
　　贷：库存现金　　　　　　　　　　　　　　12

提示：

从企业所得税角度看，由于租房单据抬头是员工个人名字，合同也是员工跟房东签的租房合同，12万元房租没法在税前扣除。

从个人所得税角度看，由于合同是员工跟房东签的租房合同，因此员工每月可以享受专项附加扣除中的住房租金支出扣除1500元。

方案二：若是玉龙公司统一以公司名义租房当作宿舍，拿着公司跟房东签的租房合同、合规租房单据按照规定标准在财务报销宿舍费用。账务处理如下。

借：应付职工薪酬——福利费　　　　　　　12
　　贷：库存现金　　　　　　　　　　　　　　12

提示：

从企业所得税角度看，由于租房单据抬头是公司名称，合同也是公司跟房东签的租房合同，12万元房租可以按照福利费标准在税前扣除。

从个人所得税角度看，由于合同是公司跟房东签的租房合同，因此员工每月没法享受专项附加扣除中的住房租金支出扣除1500元。

筹划方案：改变合同签订。

既然玉龙公司已经统一为员工签订了房租合同，建议公司再与员工签订一份住房租赁合同或协议，可以适当或者象征性收取点房租，作为员工住房租金专项附加扣除的留存备查资料。这样，关于12万元房租，企业既可以按照福利费标准在税前扣除，员工个人每月也可以享受专项附加扣除中的住房租金支出扣除1500元了。

案例 14

华江公司属于某知名电梯品牌在当地区域的销售代理商，每部电梯平均不含税售价100万元（含安装费10万元，3年维护保养费20万元）。假设去年销售电梯300部，签订电梯销售合同，合同价100万元（不含税），山海公司负责安装和3年免费保养。

增值税＝100×13%×300＝3900（万元）

筹划方案：改变合同签订。

签订电梯销售合同，合同价70万元（不含税），另外收取安装费10万元，3年保养费20万元，合同中分别注明、发票按照项目开具、财务核算分别核算收入。

增值税＝（70×13%＋10×3%＋20×6%）×300＝3180（万元）

节约税收720（3900－3180）万元。

提示：

① 保养维护和修理修配在增值税的适用税率上完全不同，一个是6%，一个是13%。

② 关于二者的主要区别，需要看看针对的对象是否属于对损伤和丧失功能的货物进行修复，使其恢复原状和功能。

案例 15

新浦设备销售公司8月份发生的销售业务有3类,货款共计3000万元。其中,第一笔1000万元,现金结算;第二笔2000万元,一年后收款。

企业若全部采取直接收款方式的合同,则应当在当月全部计算销售额,计提销项税额390(3000×13%)万元。

筹划方案:改变合同签订。

对未收到的2000万元,通过与购买方签订赊销和分期收款的合同,约定一年后的收款日期,就可以延缓一年的纳税时间。

8月份只需要缴纳增值税130(1000×13%)万元;一年后再需要缴纳增值税260(2000×13%)万元。

因此,采用赊销和分期收款方式,可以为企业节约大量的流动资金。

提示:

直接收款方式就是"钱货两清",俗称的"一手交钱一手交货"。交易双方,一方取得货款或者取得索取货款的凭据(以下统称拿到货款),同时另一方取得交易的货物或者提货凭据(以下统称拿到货物所有权)。作为卖方,拿到货款的同时货物所有权交付给买方;作为买方,拿到货物所有权的同时支付货款。

赊销方式是以信用为基础的销售,卖方与买方签订购货协议后,卖方让买方取走货物,而买方按照协议在规定日期付款或以分期付款形式付清货款的过程。因此,赊销时卖方先发货,后收取货款。这里的发货,卖方是不保留所有权的,而是将所有权转移给买方,买方拿到货物后完全拥有所有权和处置权。

案例 16

紫竹斋技术有限公司与介会电器销售公司签订了一笔电器购销合同,在合同中注明的货物含税金额总计11300万元。

提示:购销合同印花税的计税依据为:以合同所载金额(含税金额)作为印花税的计税依据。

应纳印花税税额=11300万元×0.03%=33900(元)

筹划方案:改变合同签订。

紫竹斋技术有限公司与介会电器销售公司签订了一笔电器购销合同,在合同中注明的货物不含税金额10000万元,增值税税额1300万元。

提示:购销合同印花税的计税依据为:以不含税金额作为印花税的计税依据。

应纳印花税税额＝10000万元×0.03%＝30000（元）

第二种合同比第一种合同签订方式节省印花税3900（33900-30000）元。

提示：

① 如果购销合同中只有不含税金额，以不含税金额作为印花税的计税依据；

② 如果购销合同中既有不含税金额又有增值税金额，且分别记载的，以不含税金额作为印花税的计税依据；

③ 如果购销合同所载金额中包含增值税金额，但未分别记载的，以合同所载金额（含税金额）作为印花税的计税依据。

中达公司向智圣公司无偿借款100万元，其账务处理如下。

借：其他应收款——中达公司　　　　　　　　100

　　贷：银行存款　　　　　　　　　　　　　　　　100

有一个误区，就是好多会计经常在会计账务处理上做出企业间无偿借款的分录。会计误认为：无偿借款就没有任何税，这是错误的。

企业间资金借款"无偿"并非"无税"，还不如有偿！

筹划方案：改变合同签订。

企业间借款的时候建议有偿借款，签订借款合同或者协议。

合同中约定利率，并把收取利息的时日约定的期限延长一些，因为不论是增值税还是企业所得税，利息收入都按合同约定的时间确认。因此，约定的付息日之前，没有增值税和企业所得税的风险。

税法依据：

①《中华人民共和国企业所得税法实施条例》第十八条第二款规定："利息收入，按照合同约定的债务人应付利息的日期确认收入的实现。"

②《营业税改征增值税试点实施办法》第四十五条规定，增值税纳税义务、扣缴义务发生时间为："纳税人发生应税行为并收讫销售款项或者取得索取销售款项凭据的当天；先开具发票的，为开具发票的当天。"

收讫销售款项，是指纳税人销售服务、无形资产、不动产过程中或者完成后收到款项。取得索取销售款项凭据的当天，是指书面合同确定的付款日期；未签订书面合同或者书面合同未确定付款日期的，为服务、无形资产转让完成的当天或者不动产权属变更的当天。

参考文献

[1] 何正坤,周明桂. 新手学纳税申报与税务处理从入门到精通. 北京:化学工业出版社,2020.

[2] 梁伟样. 企业纳税全真实训. 4版. 北京:清华大学出版社,2019.

[3] 计金标. 纳税筹划. 7版. 北京:中国人民大学出版社,2019.

[4] 申嫦娥,张雅丽,刘明等. 税务筹划. 2版. 西安:西安交通大学出版社,2019.